Hannelore Schäl · Spiele aus Salzteig

Hannelore Schäl

Spiele aus Salzteig

Formen, Malen und Spielen
mit Kindern ab 3 Jahren

Otto Maier Verlag Ravensburg

CIP-Kurztitelaufnahme
der Deutschen Bibliothek

Schäl, Hannelore:
Spiele aus Salzteig: Formen, Malen u.
Spielen mit Kindern ab 3 Jahren/
Hannelore Schäl. –
Ravensburg: Maier, 1983.
ISBN 3-473-41061-6

1883 – 1983

Dieses Buch erscheint im 100. Jahr
des Otto Maier Verlages Ravensburg

4   3   2   1   86   85   84   83

© 1983 by Otto Maier Verlag Ravensburg
Umschlaggestaltung: Achim Köppel
Umschlagfoto: Barbara Bräuning
(Vorderseite), Ulrike Siepmann (Rückseite)
Layout: Herstellung des Otto Maier Verlages
Redaktion: Gisela Walter
Printed in Germany
ISBN 3-473-41061-6

Inhalt

Würfelspiele

Schmetterlingsflug	44
Anja – Tanja	46
Tatütata	48
Flug in den Süden	49
Eine Blume wächst	50
Wetterstation	
Froschhausen	52
Riesen-Hunger	54
Wochentage	57
Häschen in der Grube	58
Fünf-Sinne-Spiel	60
Wie heißt der Baum?	62
Radiosender „Quassel"	64
Mondlandung	66

Geschicklichkeits-spiele

„Petri Heil!"	68
Spinnennetz	70
Schnippspiele:	72
Ballontreffen	
Inselglück	
„Tor!"	
Ziel genau	

Geschenke und Zimmerschmuck

Handabdruck	74
Bilderrahmen	75
Regenschirm-Mobile	76
Igel	77
Katze	78
Kuh	80
Pinseltopf	81
Fisch	82

Vorwort   **7**

Das muß man wissen

Zubereitung des Teiges	9
Tips und Tricks	
bei der Verarbeitung	10

Spielzeug

Bunte Perlenkette	14
Die Mäusefamilie	15
Für den Laden	16
Für die Puppenmutti	19
Verkehrsschilder	20
Spardosenhaus	22

Puzzle

Sternenhimmel	24
Viele Formen	25
Hase Langohr	26
Das rote Telefon	27

Reaktions- und Gedächtnisspiele

Links oder Rechts	28
Hausputz	30
Au Backe – mein Zahn!	32
Farbpalette	34
Raupenwettlauf	36
Aufgepaßt!	39
Du und ich	40
Wieviel ist	
eine viertel Torte?	42

Vorwort

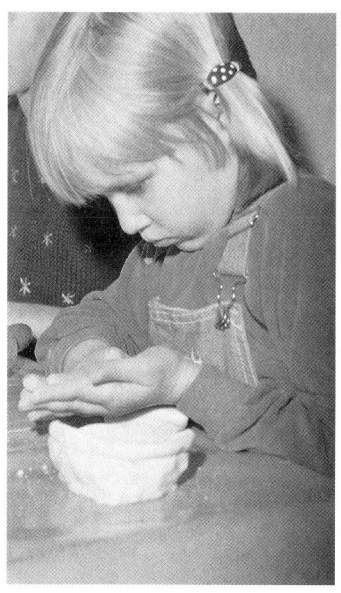

Das habe ich selbst gemacht! Wieviel Stolz und Freude liegen in dieser Feststellung, und wie wichtig ist es zu erleben, daß man mit den eigenen Händen und etwas Fantasie Dinge hervorbringen kann, die es in keinem Laden zu kaufen gibt. Diese schöne und nützliche Erfahrung will dieses Buch den Kindern vermitteln.

Salzteig ist ein preiswertes und ideales Material zum Formen und Gestalten. Es ist nicht einfach ein Ersatz für irgendeine „Knetmasse", aus der sich die unterschiedlichsten Figuren und Gegenstände formen lassen, sondern Salzteig ist wegen seiner Haltbarkeit ein ausgezeichnetes Ausgangsmaterial für die verschiedensten Lern- und Unterhaltungsspiele, für Spielzeug, Dekorations- und Gebrauchsgegenstände.

Das vorliegende Buch vermittelt ausführlich und genau alles Wissenswerte über Salzteig und dessen Bearbeitung. Es ist zugleich auch ein Spielebuch mit unterhaltsamen und pädagogisch sinnvollen Spielen, mit denen Kinder in vielerlei Hinsicht gefördert werden. Da wird zum Beispiel das Erkennen, Einordnen, Zählen und Multiplizieren von Zahlen spielerisch geübt, das Gedächtnis geschult, oder Sprachentwicklung und Geschicklichkeit werden gefördert. Die Kinder können sich mit Farben, Symbolen und Formen vertraut machen.

Schon die Jüngsten werden mit großer Hingabe beim Mischen, Rühren und Kneten helfen wollen.

Sie können Muster und Gegenstände in den Teig drücken, und sie werden aus Teigkugeln und -rollen nur für sie erkennbare Gebilde formen. Ein Lob spornt sie an, und ihre Geschicklichkeit und Vorstellungskraft wächst dabei. Je nach Alter und Persönlichkeit der Kinder betreuen wir sie und führen sie zu einem selbständigen Arbeiten. Unter dem Motto „Fantasieren, Kombinieren, Probieren" können sie sich dann manches schöne, selbstausgedachte Spielzeug schaffen.

Formen und Spielen mit Salzteig bietet jedem eine sinnvolle und interessante Freizeitbeschäftigung, bei der nach Herzenslust geformt, gemalt und gespielt werden kann.

Das muß man wissen

der Teig nicht austrocknen und bleibt geschmeidig. Teile, die nicht in einem Zug fertiggestellt werden können, bewahren wir während der Arbeitsunterbrechungen ebenfalls luftdicht verpackt auf. Fertige Teile sollten recht bald gebacken werden. Im Kühlschrank hält sich ein gut verpackter Salzteig etwa zwei Tage.

Zubereitung des Teiges

1. Rezept
2 Teile Mehl
1 Teil Salz
1 knappes Teil Wasser
Ein paar Tropfen Öl

2. Zubereitung
Wir geben 2 Teile Mehl, 1 Teil Salz und einige Tropfen Öl in eine Schüssel und vermengen diese Zutaten gut mit einem Rührlöffel. Wir kneten einen Teig daraus, indem wir portionsweise Wasser hinzufügen. Die Teigmasse darf nicht zu feucht sein, das heißt sie soll nicht an den Händen kleben bleiben, darf aber auch nicht zu trocken und spröde sein. Je nachdem gibt man etwas Mehl oder Wasser dazu, bis der Teig die richtige Beschaffenheit hat.

3. Aufbewahrung
Den frisch zubereiteten Teig bewahren wir am besten luftdicht verschlossen in einem Plastikbeutel auf und nehmen nur jeweils die Menge heraus, die wir benötigen. Somit kann

4. Arbeitsgeräte
Die meistbenötigten Dinge bei der Backarbeit sind:
1 Teigrolle oder alte Flasche,
1 kleines Messer,
1 großes Messer zum Abheben der Teile von der Arbeitsfläche auf das Backblech,
Schaschlikspieße (erhält man in Haushaltwarengeschäften),
geeignet zum Formen und zum Verarbeiten.
Auf andere Werkzeuge und Materialien, die man noch benützen könnte, wird von Fall zu Fall in den Arbeitsanleitungen hingewiesen.

Tips und Tricks
bei der Verarbeitung

1. Beschaffenheit und Eigenart

Bevor wir mit dem Backen beginnen, experimentieren wir ein wenig mit dem Teig und lernen so seine Eigenarten kennen. Wir werden unter anderem feststellen, daß man ihn dehnen und zusammenschieben kann, daß er sich leicht formen läßt, und daß Abdrücke und Muster schnell und gut gelingen. Außerdem werden wir beobachten, daß der Teig sich durchbiegt und hohe Teile sich senken. Aus diesem Grund werden die geformten Stücke liegend gebacken. Will man aber ganz bewußt eine gewölbte Form herstellen, so kann man den Teig mit einem Gegenstand, der dann mitgebacken wird, abstützen. Als Trennmittel kann Alufolie dienen.

Eine Besonderheit ist, daß man bereits gebackene flache Teile aufrichten kann, indem man sie mit frischem, gut befeuchtetem Teig aneinanderfügt und den Backvorgang wiederholt. Ebenso können wir neue Teile an ein schon gebackenes Stück anbringen.

Eine weitere wichtige Eigenschaft des Teiges kann man nach dem Backen sehen: Er schrumpft ein wenig. Deshalb müssen wir zum Beispiel von vornherein die Felder für die Spielsteinchen etwas größer gestalten.

2. Formen ausstechen

Am leichtesten lassen sich Formen mit Hilfe von Pergamentpapier auf den Teig übertragen. Man legt das Pergamentpapier auf die Vorlage, die man übernehmen möchte, und zeichnet die Konturen mit einem Stift nach.

Das Übertragen auf den Teig kann so erfolgen:
Man legt das Papier mit den abgepausten Musterteilen auf den Teig und sticht mit einer Nadel am Musterrand entlang tief in den Teig ein. Die Einstiche sind auf dem Teig gut sichtbar; man kann danach die Formen leicht mit dem Messer herausschneiden. Sollen mehrere gleiche Teile angefertigt werden, lohnt es sich, eine Pappschablone herzustellen. Dabei wird die Form zuerst auf Pergamentpapier übertragen und dann gleichzeitig mit der Pappunterlage ausgeschnitten.

Aus Platzgründen sind in diesem Buch die Formen verkleinert abgebildet. Man zeichnet sie dann einfach in einem größeren Maßstab direkt auf das Pergamentpapier. Runde Teile können gleich mit einer passenden Form, zum Beispiel mit einem Glas, ausgestochen werden.

3. Loslösen des Teiges

Hat der Teig die richtige Beschaffenheit, klebt er nicht an der Unterlage fest. Ist der Teig jedoch zu feucht geworden, können wir ein Festkleben verhindern, indem wir die Arbeitsfläche und das Backblech mit Mehl bestäuben.

4. Große Teile formen

Wir arbeiten direkt auf dem Blech, wenn die Gefahr besteht, daß sich große Teile beim Umlegen von der Arbeitsfläche auf das Blech verziehen könnten.

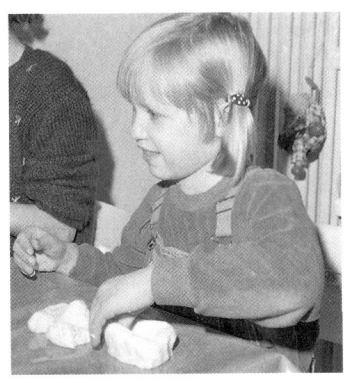

5. Teile zusammenfügen

Teigteile, die zusammengefügt werden sollen, befeuchtet man mit Wasser.

6. Schnittkanten glattstreichen

Wird der Teig geschnitten, ist er an den Kanten porös. Deshalb sollte man die Kanten mit den Fingern glattstreichen.

7. Muster und Verzierungen

Wenn man in den Teig verschiedene Gegenstände oder groben Stoff, Blätter oder ähnliches eindrückt, erhält man reizvolle Muster und Verzierungen.

8. Gegenstände einbacken

Materialien verschiedenster Art wie Wolle, Papier, Stoff, Draht, Holz, Pflanzenteile, Samen kann man gleich mitbacken. Sie verbinden sich fest mit dem Teig.

9. Löcher und Schlitze

Öffnungen im Backteil sticht man während des Backvorganges noch einmal durch, und zwar dann, wenn die Oberfläche fest und das Innere noch weich ist. Dadurch wird vermieden, daß sie verkleben.

10. Spielwürfel herstellen

Wollen wir Würfel herstellen, brauchen wir festen (trockenen) und gut gekühlten Teig, weil er so eine größere Standfestigkeit hat. Der Würfel soll ungefähr die Maße von 1,5 x 1,5 cm bis 2,0 x 2,0 cm haben. Während des Backens wendet man ihn anfangs ein paarmal, damit die Form sich nicht verzieht und die Auflagefläche nicht sichtbar wird. Spielwürfel aus Salzteig zu machen, ist nicht ganz leicht und gelingt nicht immer auf Anhieb. Es empfiehlt sich, gleich mehrere Würfel herzustellen, damit man unter den besten Würfeln auswählen kann. Beim Spielen kann man statt der Würfel auch sechs mit den Symbolen versehene runde Scheiben verwenden, die man in eine Schale legt, und von denen der Spieler jeweils eine – ohne hinzusehen – nehmen muß.

11. Spielfelder

Sie können aus Teig hergestellt werden, aber auch aus Pappe oder Fotokarton.

12. Spielfiguren

Als Spielsteinchen verwenden wir ausgestochene Kreise, die der Größe der Spielfelder angepaßt werden. Farbe oder ein Muster unterscheiden sie voneinander.

13. Zum Aufhängen

Teile, die aufgehängt werden sollen, bekommen ein Loch oder, noch besser, eine Drahtöse. Ein dünner Draht wird zurechtgeschnitten, verdrillt, an den freien Enden zur besseren Verankerung etwas gespreizt und dann in den Teig gesteckt. Wir können aber auch Bilderhaken oder feste Schnüre in das Kunstwerk einbacken. So können zum Beispiel viele Spielfelder aus diesem Buch als hübsche Wanddekorationen im Kinderzimmer aufgehängt werden.

14. Backen und Trocknen

Die Formen und Figuren werden bei 100 Grad 1 Stunde oder etwas länger im Backofen gebacken. Nach dieser Zeit ist der Teig an der Oberfläche fest, während die Unterseite, besonders bei dickeren Formen, meist noch etwas feucht ist. Deshalb lösen wir die einzelnen Teile vorsichtig vom Blech und legen sie auf eine kühle Unterlage. Auf ihr schlägt sich überschüssige Feuchtigkeit nieder. Wenn wir die Teile mehrmals auf der kühlen Fläche verschieben, kann das Wasser immer neu kondensieren, und das Backgut wird zusehends trockener. Nach Bedarf können wir dickwandige Teile auch nochmals erwärmen und das Ausschwitzenlassen wiederholen. Durch langsames Nachtrocknen, zum Beispiel auf der Zentralheizung, werden die Teile völlig fest.

Der Teig soll langsam austrocknen. Bei zu starker Hitze bilden sich durch Wasserdampf Beulen und Risse. Ist jedoch das Wasser nach einer gewissen Backzeit weitgehend entwichen, kann man eine stärkere Temperatur wählen.

Aber Vorsicht, wir müssen das Backgut beobachten – es soll ja nicht dunkel werden oder gar verkohlen. Wir können übrigens jederzeit die Backofentür für eine kurze Zeit öffnen, um nachzuschauen. Es schadet dem Backgut nicht. Etwas stärker gebackene Formen sehen, wenn man sie nicht anmalen will, durch ihre unterschiedlichen Brauntöne sehr hübsch aus.

15. Zerbrochene Teile zusammenkleben

Zerbrochene Gegenstände aus Salzteig kann man kleben, indem man die Bruchstellen mit Wasser aufweicht und die Teile dann fest aneinanderpreßt. Mann kann die Bruchstellen aber auch mit frischem Teig bestreichen, die Teile wieder zusammenfügen und dann nachbacken. Selbst mit einem Haushaltskleber lassen sich Teile verbinden.

16. Bemalen

Es lohnt sich, die fertig gebakkenen Formen sorgfältig zu bemalen. Am besten nimmt man dazu einen nicht zu weichen Pinsel. Zum Anmalen eignen sich zum Beispiel Wasserfarben, Plakafarben, Filzschreiber und Lackfarben.

17. Lackieren

Die durch und durch trockenen Teile werden nach dem Bemalen rundherum mit einem farblosen Lack überpinselt. Dieser schützt die fertigen Gegenstände, macht sie haltbarer, und die aufgetragenen Farben werden leuchtender. Wenn es besonders schnell gehen soll, kann man auch eine Schutzschicht aus einer Klarlackdose aufsprühen (Bastelklarlack, Autoklarlack). Preiswerter, aber auch gut geeignet, ist Haarspray. Beim Lackieren sollte man darauf achten, daß nicht zu naß gesprüht wird, denn Filzschreiberfarben könnten zum Beispiel zerlaufen. Ratsamer ist ein mehrmaliges leichtes Übersprühen.

18. Aufbewahren

Alle Salzteiggebilde sind empfindlich gegen Feuchtigkeit. Man sollte sie deshalb nicht in feuchten Räumen wie zum Beispiel Kellerräumen, Bad usw. aufbewahren. Ist ein Stück einmal feucht geworden, bäckt man es einfach wieder nach.

Bunte Perlenkette

2 bis 8 Jahre

Bunte Perlen sind bei Kindern sehr beliebt.

Schon ganz kleine Kinder haben großen Spaß daran, sich selbst eine Perlenkette einzufädeln.

So wird's gemacht

Teigrollen in verschiedener Stärke werden in Stücke und Scheiben geschnitten und mit der Schnittfläche auf das Blech gelegt. Auf diese Weise gebacken, verformt sich die Rundung nicht. Nur bei den länglichen grün-gelben Perlen müssen wir eine gewisse Verformung in Kauf nehmen. Bevor die Perlen aber auf das Blech gelegt werden, durchbohrt man sie mit einem Schaschlikspieß. Während des Backens, wenn die Oberfläche hart, das Innere aber noch weich ist, wird jede Perle noch einmal durchstoßen, damit die Öffnungen nicht verkleben. Die Perlen werden mit Wasserfarben und Filzschreibern bemalt. Die weißen Striche entstehen, wenn man die frische Farbe abkratzt.

Die Mäusefamilie

3 bis 8 Jahre

Diese Mäuse sind ein lustiges Spielzeug für Kinder.

Sie bekommen eine richtige Spiellandschaft, hergestellt aus Krabbelröhren mit Schlupflöchern, Rinden und Steinen.

Mäuse

Die Mäuse sind etwa 2 cm groß. Wir formen eine Kugel, legen sie auf die Arbeitsfläche und spitzen sie an einer Seite so zu, daß ein Mäuseschnäuzchen entsteht. Dann bringen wir die Öhrchen an. Damit sie fest sitzen, müssen wir die Stelle, auf die die Ohren kommen, gut anfeuchten. Der Mäuseschwanz besteht aus einem Wollfaden, der mit einem spitzen Gegenstand (Schaschlikspieß) in den Mäusekörper hineingedrückt wird.

Krabbelröhre

Als Mäusespielplatz kann man sich ein Labyrinth von Gängen mit den dazugehörigen Schlupflöchern anfertigen. So wird eine Röhre gemacht: Eine leere Küchenpapier- oder Toilettenpapierrolle wird mit Alufolie abgedeckt (damit der Teig nicht an der Rolle klebenbleibt). Auf die so vorbereitete Rolle wird ein breites Stück Teig gelegt. Der Teig muß bis auf die Standfläche hinabreichen, soll sich aber nicht der unteren Rundung anpassen, denn wir müssen die Röhre ja später wieder herausnehmen. Dann wird die Röhre gebakken. Wenn die Teigoberfläche schon fest, das Innere des Teiges aber noch weich ist, schneiden wir nach Belieben die Öffnungen für die Schlupflöcher aus.

15

Für den Kaufladen

3 bis 9 Jahre

„Ich wünsche mir einen Kaufladen!" – Welches Kind hat
nicht diesen Wunsch! Obst,
Gemüse, Fleisch, Wurst, Käse,
Butter, Backwaren und vieles
mehr kann man leicht aus
Salzteig selber herstellen.

So wird's gemacht
Viele Details kann man den
nebenstehenden Fotos ent-
nehmen, oder man schaut die
echten Lebensmittel ganz
genau an. Nur auf einige Teile
soll hier hingewiesen werden.

Lutscherständer
Zunächst werden aus Schaschlikspießen oder Streichhöl-
zern 4 cm lange Stücke vor-
bereitet. Dann wird auf die
Spitze eines jeden Hölzchens
ein Häuflein Teig gesetzt und
in Lutscherform gedrückt. Den
Ständer formt man ebenfalls
aus einem Stück Teig. Dann
drückt man die Hölzchen der
Lutscher in diesen Ständer,
dreht sie ein wenig, um die
Löcher zu erweitern, und
nimmt sie wieder heraus. Jetzt
wird alles gebacken und
angemalt.

16

Blumenkohl

Man formt eine Kugel, um die blattförmige Teigstücke gelegt werden. Mit einem Kronenkorken kann man dann die Struktur des Kohls in den Teig eindrücken.

Radieschenbündel

In der unteren Reihe sind drei größere, in der oberen Reihe zwei kleinere Radieschen angeordnet. Sie bestehen aus Kugeln, die an dem einen Ende etwas angespitzt und an dem anderen Ende mit Blättern versehen werden.

Lauchstangen

Eine Teigrolle wird an einem Ende zu einem Wurzelansatz geformt, am anderen Ende stellen Einschnitte die langen, grünen Blätter dar. Es sieht naturgetreuer aus, wenn man das Blattwerk ein wenig verbiegt.

Torte
Mit Spritztüllen lassen sich Verzierungen aufbringen. Der Teig wird mit den Fingern einfach durch die Tülle gepreßt.

Brot
Wenn man Brot mit Kümmel, Mohn oder Sesam bestreut, erhält es ein echtes und appetitliches Aussehen.

Wurst
Die Wurstfarbe erhält man, wenn man die Wurst zuerst rot und dann ockerfarbig bemalt. Drahtösen zum Aufhängen der Wurst können nach Bedarf mit eingebacken werden.

Für die Puppenmutti

3 bis 9 Jahre

Für die Puppenmuttis gibt es hier unendlich viele Spielsachen: Teller, Brettchen, Puppenmenüs…, alles aus Salzteig. Zusammen mit den Schätzen aus dem Kaufladen können viele Puppenteller gefüllt werden.

So wird's gemacht

Puppenteller
Zuerst experimentieren wir ein wenig! Eine Kugel wird zum Beispiel mit der Unterseite eines Trinkglases eingedrückt, so daß sich ein gleichmäßiger Außenrand bildet. Wenn wir herausgefunden haben, wieviel Teig wir für eine Kugel brauchen und welches Glas am besten geeignet ist, können wir gleich mehrere Teller nacheinander herstellen, die alle gleich groß sind.

Verkehrsschilder

4–9 Jahre

Beim Spielen mit Autos ahmen die Kinder das Geschehen im Straßenverkehr nach.

Diese Verkehrsschilder können das Spiel noch realistischer werden lassen, und gleichzeitig üben die Kinder das richtige Verhalten im Straßenverkehr.

So wird's gemacht

Runde Schilder können mit einem Gläschen aus dem Teig ausgestochen werden, eckige Formen lassen sich leicht mit dem Messer ausschneiden. Die Schilder werden an Holzstäbchen, zum Beispiel Schaschlikspießen, befestigt. Man nimmt jeweils ein etwa 8 cm langes Stück und steckt ein Ende davon als Stange in das Schild. Hierfür sollten die Schilder schon auf dem Backblech liegen, damit die Stäbchen in der richtigen Lage befestigt werden.

Zum Aufstellen der Schilder benötigt man runde, ausgestochene Scheiben, die in der Mitte ein Loch zum Einstecken des Stäbchens erhalten. Diese Scheiben können ebenfalls mit dem Gläschen ausgestochen werden. Sie sollten mindestens 1 cm hoch sein, damit das Holzstäbchen auch Halt findet. Schilder und Sockel werden einzeln gebacken. Das Einsteckloch des Sockels wird – nachdem sich beim Backen an der Oberfläche eine feste Schicht gebildet hat und das Innere noch weich ist – noch einmal durchstochen. Damit verhindern wir, daß die Einstichstelle verklebt.

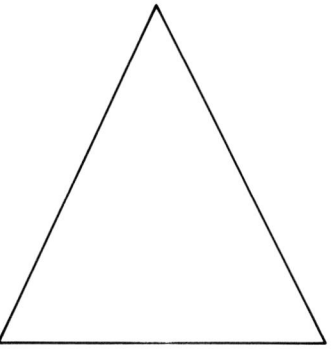

Die Grundformen der Verkehrsschilder

20

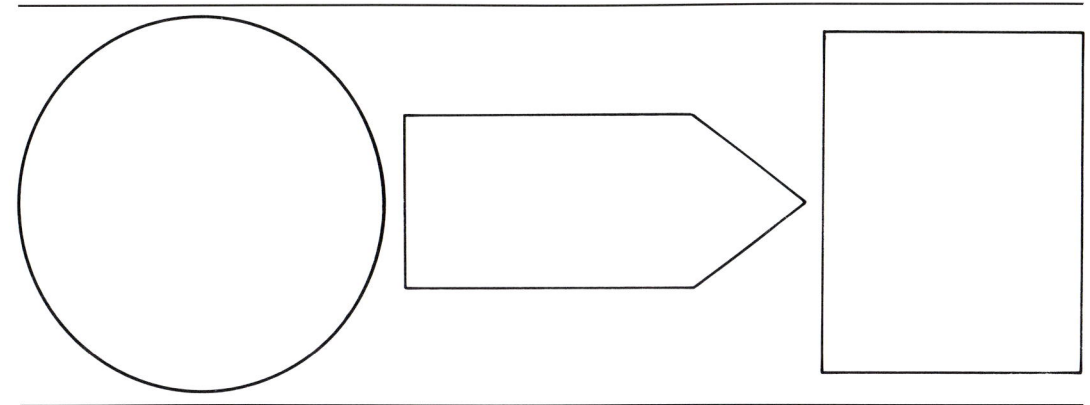

Spardosenhaus

6–12 Jahre

Dieses Spardosenhaus wird bestimmt voll werden! Erst dann darf man das Dach einschlagen!

So wird's gemacht

Das Haus muß in zwei Arbeitsgängen gearbeitet und gebacken werden. Wir schneiden die Hausteile im richtigen Größenverhältnis aus dem Teig heraus und versehen die Hauswände mit Fenstern, Fensterläden, Türen, Bäumen, Blumenkästen und so weiter. Diese Teile werden jeweils mit Wasser angeklebt. Alle Hausteile werden liegend gebacken. Man kann das Dach auch frei mit der Hand formen. Dann ist es nicht so glatt, sieht aber gemütlicher aus. In die eine Dachhälfte wird ein Schlitz geschnitten. Hier wird später das Geld eingeworfen. Sind alle Teile gebacken, werden die Hauswände in eine frische Teigplatte gesteckt, die den Boden bildet (siehe Abbildung).

Dabei beachte man, daß die Seitenwände zwischen die Giebelwände eingesetzt werden, damit das Dach später auch richtig aufliegt. Nun formt man aus frischem Teig kleine Rollen, mit denen man die aneinanderstoßenden Wände und den Ansatz zur Bodenplatte von innen gut verschmiert. Von außen kann man die Ritzen an den Ecken ebenfalls mit feuchtem Teig zuspachteln. Oben auf die Hauswände legt man ringsherum gut befeuchtete Teigrollen, auf die man die beiden Dachhälften setzt und andrückt. Wo die Dachhälften zusammenstoßen, wird eine feuchte Teigrolle als First aufgesetzt. So ist auch das Dach fest verankert. Abschließend wird alles noch einmal gebacken.

Vorderseite

22

23

Sternenhimmel

So wird's gemacht

Der Teig wird auf dem Backblech ausgerollt, und auf dem Blech werden auch die Teile ausgestochen. Zu beachten ist, daß durch seitliches Verschieben des Förmchens die ausgestochene Öffnung nach allen Richtungen etwas erweitert wird, damit die Fläche für das Puzzleteil größer wird.

2–4 Jahre

Hier kann ein kleines Kind sein eigenes Puzzle machen.

Mit Mamas Hilfe kann es selber mit Förmchen die Sterne und den Mond ausstechen.

24

Viele Formen

2–6 Jahre

Dieses Puzzle ist ein Beispiel für großen Formenreichtum.

Es dient als Anregung für ein selbstgestaltetes Puzzle. Kinder können dabei lernen, Größenunterschiede und Formen zu erkennen und einzuordnen.

So wird's gemacht

Im Haushalt finden sich viele verschiedene Dinge, die zum Ausstechen geeignet sind, zum Beispiel Gläser, Deckel, Kästchen, Förmchen. Die Gestaltung kann auch weitgehend dem Kind überlassen werden, das viel Freude dabei haben wird.

Der Teig wird auf dem Backblech ausgerollt. Darauf plaziert man die verschiedenartigen Formen so, daß sie nicht zu eng aneinanderstoßen, und sticht sie aus. Durch leichtes Verschieben der Form beim Ausstechen muß ein Spielraum gewonnen werden, damit die einzelnen Puzzleteile leicht eingelegt werden können.

Hase Langohr

2–5 Jahre

Mit diesem lustigen Häschen werden die Kleinen besonders gern spielen. Neun Teile sind an die richtige Stelle zu setzen.

So wird's gemacht

Wir rollen den Teig auf dem Blech aus und übertragen mit Hilfe einer Schablone die Häschenform. Beim Ausschneiden achten wir darauf, daß durch Verschieben mit dem Messer die Fläche zum Einlegen der einzelnen Teile etwas vergrößert wird.

Das rote Telefon

4–6 Jahre

„Hallo, wer ist dort?" Die Zahlen an diesem knallroten Telefon sind herausnehmbar.

Gleichzeitig mit dem Wiedereinlegen können die Kinder die ersten Zahlen in der richtigen Reihenfolge erlernen.

So wird's gemacht

Die schematische Darstellung zeigt uns die Einzelteile des Telefonapparates. Diese Teile werden im richtigen Größenverhältnis aus dem ausgerollten Teig herausgeschnitten und zusammengesetzt. Zum Ausstechen der kleinen Zahlenkreise auf der Wählscheibe suchen wir uns im Haushalt einen passenden Gegenstand. Beim Ausstechen sollte durch leichtes Hin- und Herschieben der Form eine größere Einlegefläche für die Einzelteile geschaffen werden. Alle Teile werden aufeinander gelegt, nur die Zahlenscheibchen werden extra gebacken und erst nach dem Backen eingesetzt.

Links oder Rechts

4–7 Jahre

Wo ist links, und wo ist rechts? Auf spielerische Weise lernen Kinder beim Sortieren der Handschuhe die Begriffe Links und Rechts kennen.

für 2 Spieler

2 Spielfelder
6 Paar bunte Handschuhe
2 Paar Symbolhandschuhe

Spielregel
Jeder Spieler erhält ein Spielfeld, 3 Paar bunte Handschuhe und ein Paar Handschuhe mit den Symbolen L und R für Links und Rechts. Die bunten Handschuhe sollen nach Spielende paarweise geordnet nach links und rechts (siehe Abbildung) auf dem Spielfeld liegen. Abwechselnd nehmen die Spieler ihre Symbolhandschuhe mit L und R in die Hände und vertauschen sie hinter dem Rücken. Dann werden dem Gegenspieler die geschlossenen Hände gezeigt.

Der Gegenspieler deutet auf eine Hand und darf dann, je nach Symbol L oder R, einen linken oder einen rechten Handschuh auf sein Spielfeld legen.
Wer zuerst alle seine Handschuhe richtig geordnet auf das Feld legen konnte, ist der Sieger.

So wird's gemacht
Auf dem Blech werden Teigplatten in den Größen 14 x 14 cm ausgeschnitten und in der Mitte mit einem Längsstrich versehen. Jeweils links und rechts wird an den Seiten zur Verzierung ein Schal aufgelegt. Hierzu muß man dünn ausgerollten Teig in gerade Streifen schneiden und in gefälliger Weise auf die Platten legen. Die Fransen sind aus kleinen Kügelchen gemacht, die zweimal eingeschnitten werden. Von den Handschuhen fertigen wir Pappschablonen an, legen sie auf den ausgerollten Teig und schneiden je 8 linke und 8 rechte Handschuhe aus. Nach dem Backen werden sie bunt bemalt, außer den beiden Symbolhandschuhen L und R.

Hausputz

3–6 Jahre

Kenntnisse über die vielseitigen Arbeiten im Haushalt und auch ein bißchen Glück muß der Gewinner dieses Spieles haben.

für 2 Spieler

1 Spielfeld
2 Steinchen
1 Geldstück

Spielregel

Jeder Spieler bekommt ein Steinchen, das rechts oder links an den Anfang des Besenstiels gesetzt wird. Ein Geldstück wird in die Höhe geworfen. Zeigt es die Zahl, muß der Spieler drei Arbeiten im Haushalt nennen. Ist dies geschehen, kann er seinen Stein ein Feld vorrücken.
Zeigt die Münze die andere Seite, muß der Spieler aussetzen. Der andere kommt an die Reihe.
Gesiegt hat derjenige, der zuerst das andere Ende des Besens erreicht hat.

So wird's gemacht

Der ausgerollte Teig wird mit der Hand so zurechtgedrückt, daß er etwa 16 cm lang und 11 cm breit ist und somit die Kreise und den Besen aufnehmen kann. Ein Schaschlikspieß dient als Besenstiel, an dessen Ende aus einem Teigstück ein kantiger Besen angesetzt wird. Die einzelnen Spielfelder drücken wir mit einem Spielsteinchen ein. Sie müssen vergrößert werden, weil sich der Teig beim Backen zusammenzieht.

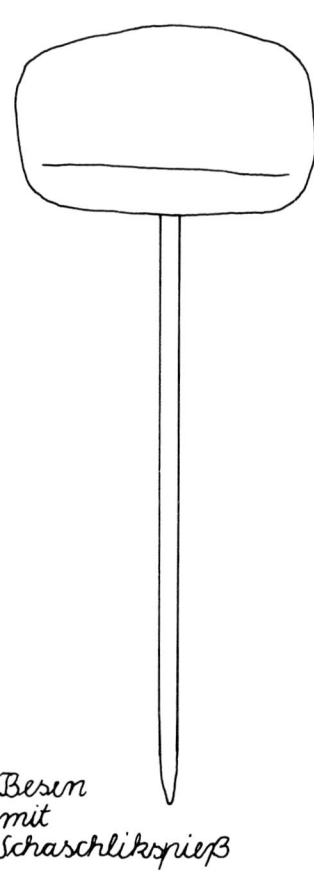

Besen
mit
Schaschlikspieß

Au Backe – mein Zahn

3–6 Jahre

Ganz unterschiedlich kann ein gepflegter und ein ungepflegter Mund aussehen. Dies wird den Kindern bei diesem Spiel deutlich vor Augen geführt. Wer möchte da nicht den Zahnfresser von seinen Zähnen wegputzen!

für 2 und mehr Spieler

jeweils 1 Mund
8 weiße, gesunde Zähne
8 kranke Zähne

Spielregel
Es können so viele Spieler teilnehmen, wie Münder vorhanden sind. Jeder Teilnehmer erhält einen Mund. Alle Zähne werden in eine hohe, undurchsichtige Dose gelegt. Die Spieler greifen nun reihum in die Dose – ohne hineinzusehen –, bis jeder 8 Zähne in seinen Mund gelegt hat.
Gewonnen hat der Spieler, der die meisten weißen Zähne in seinem Spielfeldmund vorweisen kann.

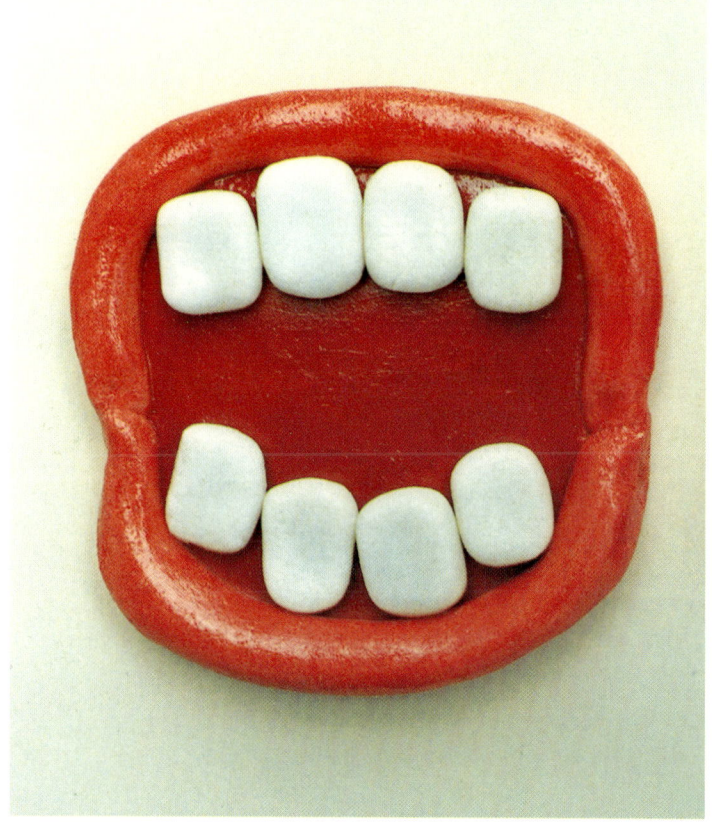

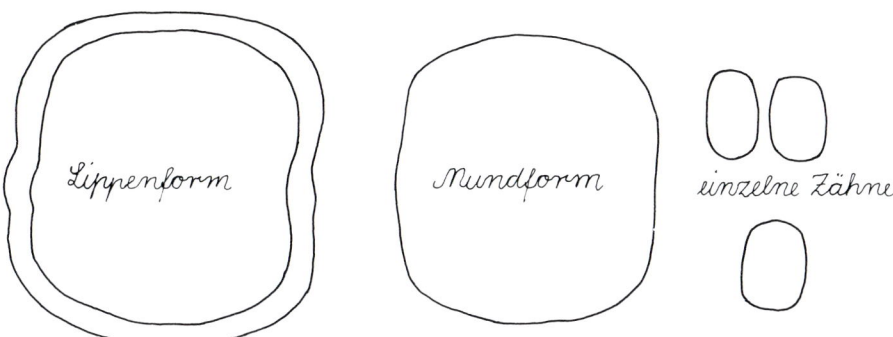

Lippenform Mundform einzelne Zähne

So wird's gemacht

Die Grundfläche des Mundes wird aus dem ausgerollten Teig geschnitten (siehe Abbildung). Zwei Teigrollen bilden die Lippen, die jeweils bis zu den Mundwinkeln oben und unten aufgesetzt werden. Die Zähne werden mit der Hand flach geformt. Ihre Größe richtet sich nach der Größe des Mundes. Für jeden Mund werden insgesamt 16 Zähne einzeln gebacken, 8 gesunde und 8 kranke Zähne.
Beim Bemalen sollte man darauf achten, daß sich Lippen und Rachen durch verschiedene Rottöne gut voneinander abheben.

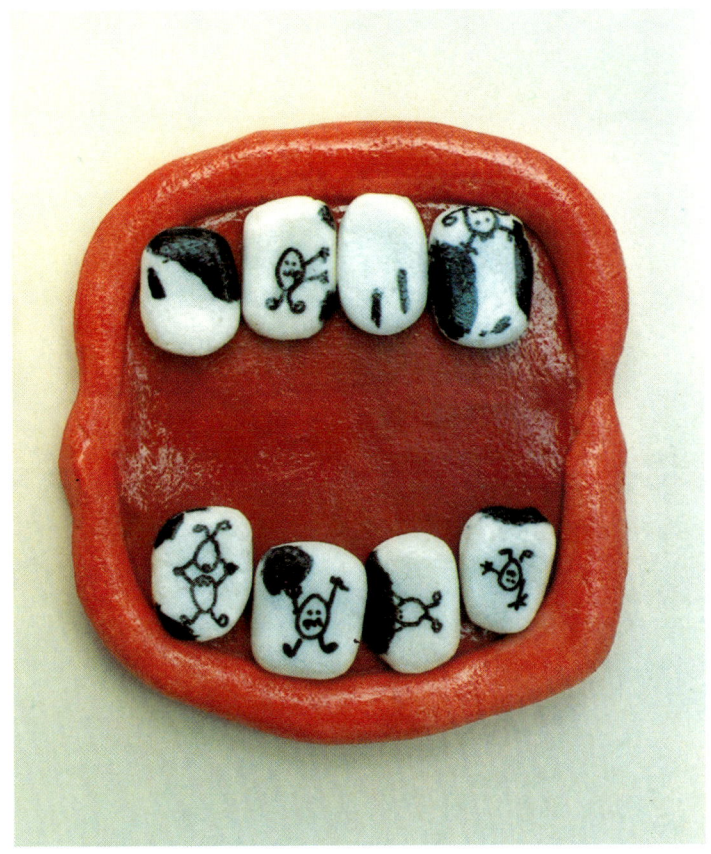

Farbpalette

5–8 Jahre

Hier kommt es auf die richtige Farbmischung an.

Aus fünf Farben erhält man durch richtiges Mischen fünf weitere Farben. Das zeigt dieses Spiel.

für 2 Spieler

1 Spielfeld
20 Spielsteine

Spielregel

Das Aktionsfeld der beiden Spieler liegt links und rechts neben den Feldern der Mischfarben.
Übereinstimmend mit dem Spielfeld sind insgesamt 6 rote, 4 gelbe, 4 blaue, 4 weiße und 2 schwarze Spielsteinchen vorhanden, die vor Spielbeginn in einen Behälter gelegt werden. Aus diesem Behälter muß ein Spieler ohne hinzusehen 2 Steine herausnehmen. Ergeben die Farben der entnommenen Steine eine auf dem Spielfeld vorhandene Mischfarbe, so kann der Spieler mit diesen Steinchen die dazu gehörenden Felder besetzen.

Ist dies nicht der Fall, legt er die Steinchen wieder zurück in den Behälter, und der andere Spieler ist an der Reihe. Wer zuerst die richtigen Farbkombinationen gezogen und sein Spielfeld belegt hat, hat gewonnen.

So wird's gemacht

Der Teig wird großflächig auf dem Blech etwa 1 cm dick ausgerollt. Anschließend beginnen wir mit der Aufteilung des Spielfeldes, wie sie aus der Abbildung ersichtlich ist. Für die Mischfarben in der Mitte des Spielfeldes werden runde Teigscheiben aufgesetzt. Sie trennen gut sichtbar beide Spielbereiche, in die man mit einem Korken jeweils 10 Markierungen eindrückt.

Nach diesen Vorarbeiten können wir die zweckmäßige Größe der Farbpalette ermitteln und sie ausschneiden. Außerdem müssen noch, entsprechend den farbigen Feldern, insgesamt 20 Spielsteinchen ausgestochen werden, und zwar in der Größe, daß sie auf die Spielfelder passen.

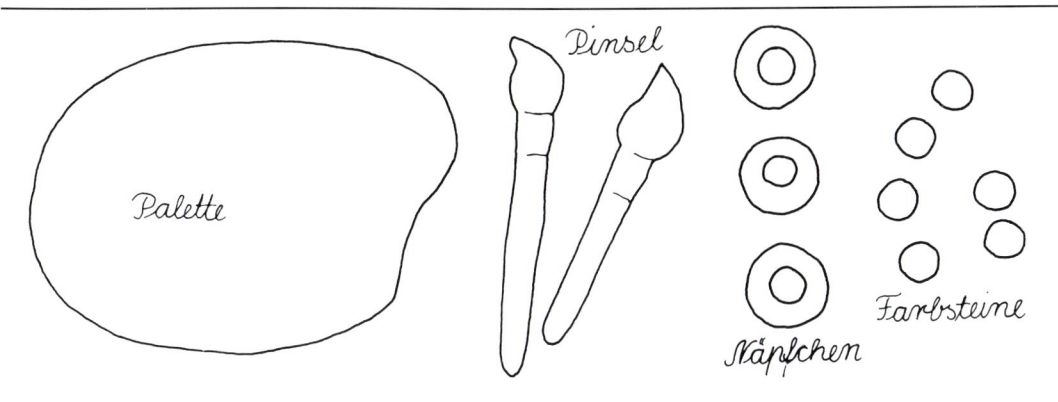

Palette

Pinsel

Näpfchen

Farbsteine

35

Raupenwettlauf

4–10 Jahre

Hier wird geknobelt! Das ist kurzweilig und macht viel Spaß.

für 2 Spieler

1 Spielfeld
2 Raupen

Spielregel

Jeder Spieler bekommt eine Raupe.
Die Raupen werden so auf das rote Startfeld gesetzt, daß sie zueinander schauen.
Jetzt wird mit Handzeichen geknobelt:

Symbole Handzeichen

Stein → es wird eine Faust gemacht

Papier → die Hand wird flach ausgestreckt

Schere → Mittelfinger und Zeigefinger werden gespreizt, die anderen Finger bleiben verdeckt in der Innenhand

wird die Hand hervorgeholt und zeigt eines der drei Symbole. Gewonnen hat derjenige, der den anderen besiegen konnte, und zwar so:

Stein gegen Schere
= Stein hat gewonnen, denn er kann die Schere beschädigen

Papier gegen Stein
= Papier hat gewonnen, denn es kann den Stein einwickeln

Schere gegen Papier
= Schere hat gewonnen, denn sie kann das Papier zerschneiden

Der Gewinner der Spielrunde darf seine Raupe ein Feld vorschieben. Sieger ist der, dessen Raupe den ganzen Weg als erste zurückgelegt hat.

Faust = Stein

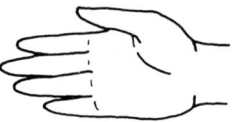

flache Hand = Papier

gespreizte Finger = Schere

So wird's gemacht

Aus dem auf dem Blech ausgerollten Teig wird ein Blatt ausgeschnitten. Die Blattstruktur können wir mit einem Messer oder einem Stäbchen modellieren und die Spielfelder mit einem Korken oder einem anderen runden Gegenstand eindrücken.

Die Raupe besteht aus sechs Teigkugeln, die bogenförmig (siehe Abbildung) aneinandergereiht werden. Jede Kugel wird etwas kleiner als die vorhergehende. Dann wird jeder Kugel noch ein sehr kleines Kügelchen aufgesetzt, nur beim Schwanzende nicht. Mit einem

Schaschlikspieß drückt man diesen Kügelchen ein Loch in der Mitte ein.

Aufgepaßt

5–9 Jahre

Wer kennt die Farben, und wer hat das bessere Gedächtnis? Aufgepaßt, dies ist ein Konzentrationsspiel.

für 2 oder 3 Spieler

10 Perlen

Spielregel

Aus farbigen Kugeln wird eine Kette zusammengesetzt. Dabei legen die Spieler abwechselnd je ein Plättchen an die Kette. Es kommt darauf an, sich die Farben der aufeinanderfolgenden Plättchen zu merken und auswendig aufzusagen. Dies wird um so schwieriger, je länger die Kette ist.

Während ein Spieler die Reihenfolge der Farben aufsagt, muß der andere die Plättchenkette mit der Hand oder dem Arm abdecken und zugleich aufpassen und kontrollieren, ob die richtige Reihenfolge genannt wird. Wenn ja, wird ein neues Plättchen dazugelegt und die Rolle getauscht.

Verloren hat, wer zuerst einen Fehler macht. Dann beginnt das Spiel wieder von vorne.

So wird's gemacht

Mit einem runden Gegenstand werden die Perlen ausgestochen und nach dem Backen bemalt.

Du und Ich

6–10 Jahre

Auch bei diesem Spiel kommt es auf ein gutes Gedächtnis an. Was wurde schon alles aufgezählt?

für 2 Spieler

Spielfeld
2 Spielsteinchen

Spielregel

Du und ich mögen …
Du und ich sehen …
Du und ich hören …
Du und ich können …
Du und ich kaufen …
Nachdem man sich auf eine Formulierung geeinigt hat, beginnt der erste Spieler mit diesem Satz und fügt ein Wort an. Der zweite Spieler wiederholt den ganzen Satz und fügt ein weiteres Wort hinzu. So geht das im Wechsel, indem man immer den ganzen Satz sagen muß und zum Schluß ein neues Wort anbringen kann. Beide Spieler setzen ihr Steinchen auf das linke Spielfeld. Jeder Spieler hat eine eigene Reihe. Mit der Aufzählung muß jeweils von vorn begonnen werden, deshalb setzt der Spieler sein Steinchen jedes Mal an den Anfang und geht dann Wort für Wort – Schritt für Schritt – die ganze Aufzählung durch bis zu dem neuen Feld, auf dem er stehenbleibt.

So wird's gemacht

Dieses Spiel ist etwa 11 cm hoch und 22 cm breit. Wir rollen den Teig auf dem Blech etwas dicker als 1 cm aus. Wie in der Abbildung gezeigt, werden zwei Spielbahnen mit je 10 Feldern mit einem Spielsteinchen eingedrückt. Hierbei ist zu beachten, daß durch Kreisen der Steinchen die Felder etwas erweitert werden, weil der Teig beim Backen schrumpft.
Danach schneiden wir das Spielfeld unten gerade, oben halbrund (siehe Abbildung) aus und drücken es mit den Fingern noch ein wenig zurecht. Zwei Teigkugeln bilden die Köpfe von Du und Ich. Diese Köpfe bekommen noch Haare aus dünnen Teigstreifen oder einen Hut. Mit einem spitzen Gegenstand werden die Augen angedeutet und die Öffnungen der Münder eingedrückt. Als Nasen werden kleine Teigkügelchen mit dem Schaschlikspieß aufgesetzt. So entstehen gleichzeitig auch die Nasenlöcher. Aus zwei Teigrollen werden die Arme geformt.

Spielfeld
Hut
Kopf
Arme

DU
ICH

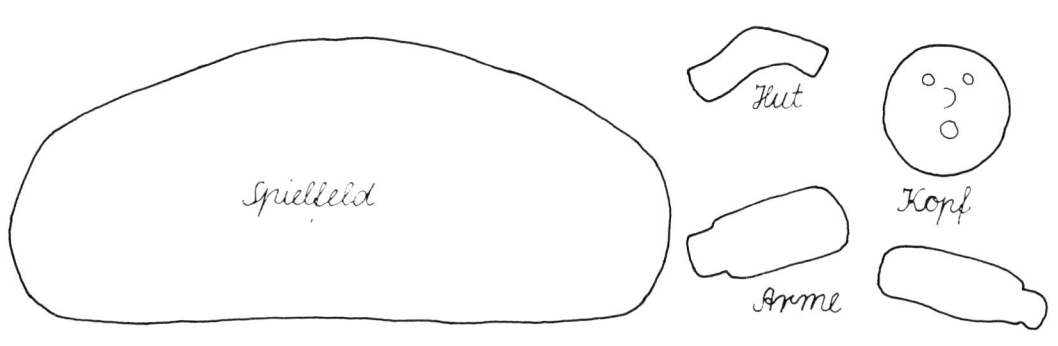

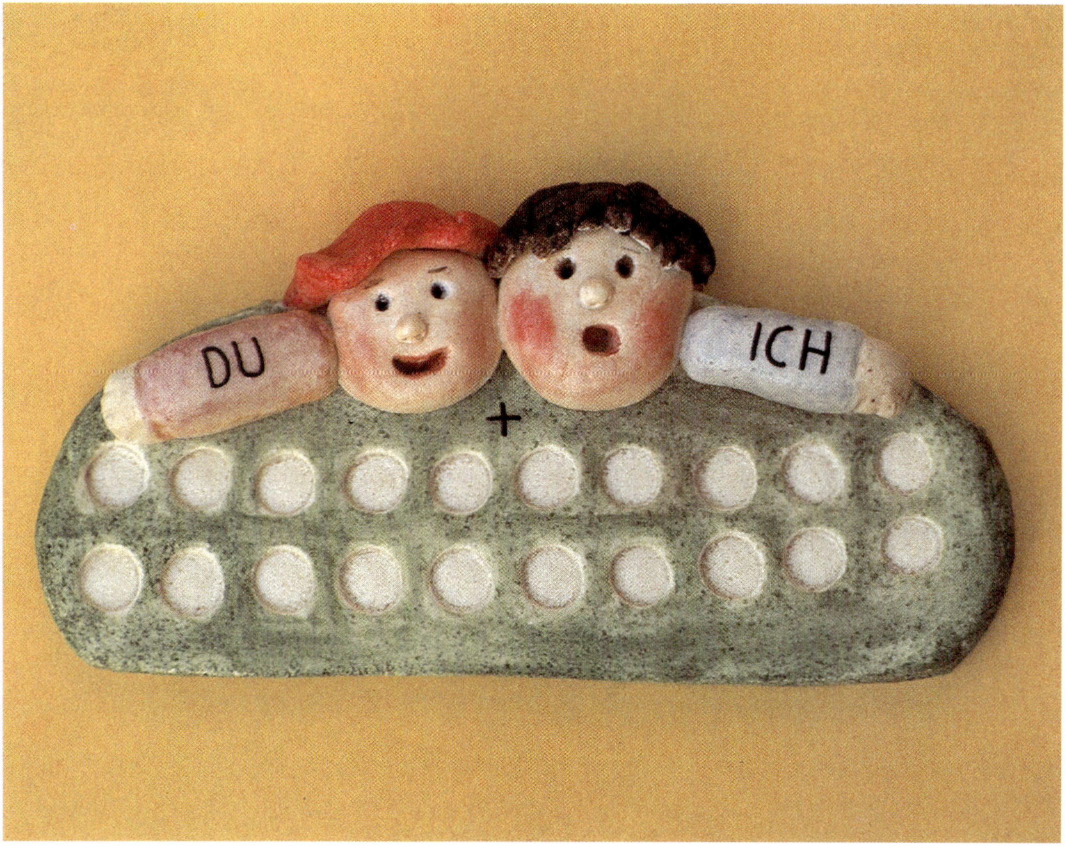

Wieviel ist eine viertel Torte?

5 bis 9 Jahre

Was ist eine Hälfte, ein Drittel, ein Viertel, ein Fünftel?

Leicht und spielerisch lernt das Kind diese Begriffe kennen, während es sich mit dieser Torte beschäftigt.

2 oder mehrere Spieler

8 runde Scheiben

Spielideen

Die Grundidee bei dieser Spieltorte ist, den Kindern eine Vorstellung von den Teilen eines Ganzen zu vermitteln. Welche Teile sind gleich groß? Wie heißen sie? Ein Tortenstück fehlt bei der Torte: Welches ist es? Wer hat es? Eine halbe Torte liegt vor uns, mit welchen Teilen kann man die andere Hälfte vervollständigen? Eine ganze Torte kann aus unterschiedlich großen Teilen zusammengesetzt werden.

So wird's gemacht

Aus einem gleichmäßig auf dem Blech ausgerollten Teig werden mit einem Schüsselchen oder einem anderen Gefäß die Tortenböden ausgestochen und jeweils gleich-

mäßig in die gewünschte Anzahl von Teilen zerschnitten (siehe Abbildung). Das Ausstechen und Zerschneiden muß direkt auf dem Backblech vorgenommen werden, weil die Teile sich beim Umsetzen auf das Blech verformen und dann nicht mehr genau zusammenpassen. Wenn man den Teig auf dem Blech zerschneidet, sollte man das Messer seitlich etwas hin- und herschieben, um so den Spalt zwischen den Teilen zu verbreitern, damit die einzelnen Teile während des Backens nicht ineinanderfließen.

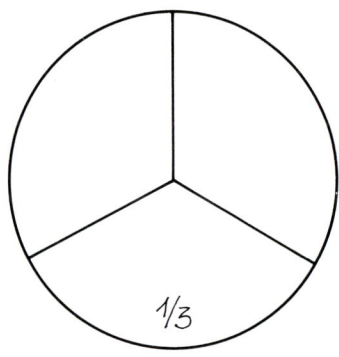

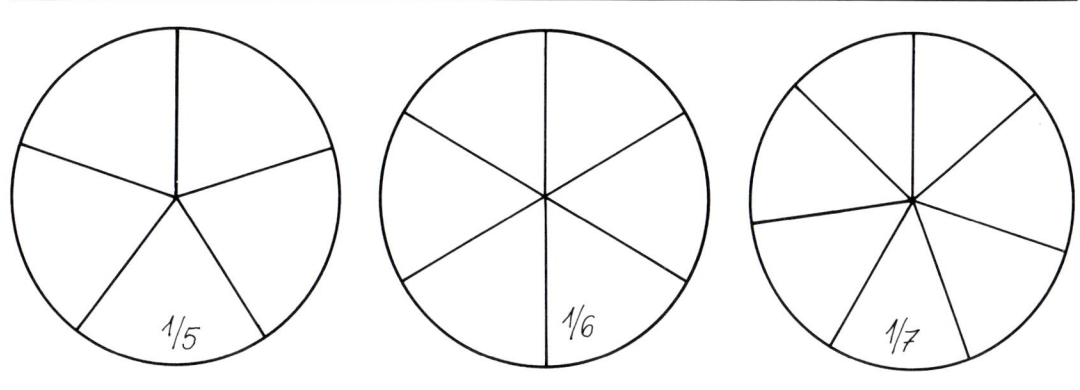

1/5   1/6   1/7

43

Schmetterlingsflug

für 3 Spieler

3 bis 6 Jahre

Hübsch anzusehen ist dieses Sommeridyll. Es ist einfach zu machen und für die kleineren Kinder ein lustiges Spiel.

3 Blumen mit jeweils 1 Blüteninneren und 6 Blütenblättern
18 Schmetterlinge (3 Arten)
1 Würfel

Spielregel

Jedes Kind bekommt eine Blume, die aus einem Blüteninneren und sechs Blütenblättern besteht, und setzt sie zusammen. Außerdem erhält es sechs gleiche Schmetterlinge. Nun wird gewürfelt, und wer eine „Sechs" hat, darf einen Schmetterling auf ein Blütenblatt seiner Blume fliegen lassen. Sieger ist, wessen 6 Schmetterlinge zuerst auf der Blüte sitzen.

So wird's gemacht

Wir fertigen vom Blüteninneren, dem Blütenblatt und dem Schmetterling Pappschablonen an, die wir zum Ausschneiden auf den ausgerollten Teig legen. Für die drei Blumen werden 3 Blütenmitten und 18 Blütenblätter benötigt. Diese Teile backen wir einzeln. Außerdem benötigen wir insgesamt 18 Schmetterlinge. Ein Schmetterlingsförmchen erleichtert das Herstellen erheblich. Je 6 Schmetterlinge werden gleich angemalt, denn sie gehören zusammen.

Blüte

44

Schmetterling

Anja – Tanja

für 2 Spieler

3 bis 6 Jahre

Ein ideales Spiel für die Kleinen, weil es rasch und einfach zu spielen ist.

2 Puppen
aus je 6 Teilen
1 Würfel

Spielregel

Die beiden Puppen bestehen aus je 6 Teilen, auf denen jeweils eine Würfelzahl steht. Jedes Kind bekommt alle Teile einer Puppe. Durch Würfeln kann es nun Stück für Stück die Puppe wieder zusammensetzen. Da jedes Puzzleteil der Puppe einer bestimmten Würfelzahl zugeordnet ist, muß man aussetzen, wenn eine Zahl ein zweites Mal gewürfelt wird, denn das entsprechende Puzzleteil ist ja schon eingesetzt.
Sieger ist das Kind, das seine Puppe zuerst zusammensetzen konnte.

So wird's gemacht

Die Puppenteile werden vergrößert auf Pergamentpapier gezeichnet. Dieses Papier legt man auf den ausgerollten Teig und sticht mit einer Nadel den Umrissen entlang in den Teig. Jetzt können die Teile mit dem Messer ausgeschnitten werden. Den Puppenkopf stechen wir mit einem runden Gefäß aus. Dann flechten wir zwei Zöpfe, befeuchten sie mit Wasser und kleben sie seitlich am Kopf fest. Der Hut ist eine gefaltete Teigscheibe; er verdeckt den Zopfansatz. Natürlich bekommen die Zöpfe zwei schöne Schleifen. Die Nase wird aus einem Teigkügelchen geformt, und die Augen kann man mit dem stumpfen Ende eines Schaschlikspießes leicht eindrücken. Den Mund malen wir erst nach dem Backen auf. Das Kleid hat zwei aufgesetzte Knöpfe und jeweils eine aufgesetzte Bordüre am Rockende und an den Ärmeln. Auf die Schuhe setzen wir kleine Schleifen. Das Wichtigste beim Bemalen der Puppe sind die Flicken mit den Würfelzahlen.

Tatütata

3 bis 6 Jahre

Die Telefonnummern von Polizei und Feuerwehr sind für einen Notfall äußerst wichtig.

Jedes Kind sollte sie jederzeit wissen. Mit diesem Würfelspiel kann es sich diese Zahlen auf spielerische Weise einprägen.

für 2 Spieler

1 Spielfeld
2 Steinchen
1 Würfel

Spielregel

Die Spieler entscheiden sich für ein Auto und versuchen, möglichst schnell die zu ihrem Auto gehörenden Telefonnummern von Polizei und Feuerwehr zu erwürfeln. Es wird mit einem normalen Zahlenwürfel gespielt; die „Sechs" wird jedoch als „Null" angesehen. Das Spielsteinchen wird schrittweise unter die erwürfelte Zahl gesetzt; beide Spieler beginnen links auf ihrem Spielfeld. Wer seine Telefonnummer zuerst vollständig erwürfelt hat, darf symbolisch mit Tatütata abbrausen und hat gewonnen.

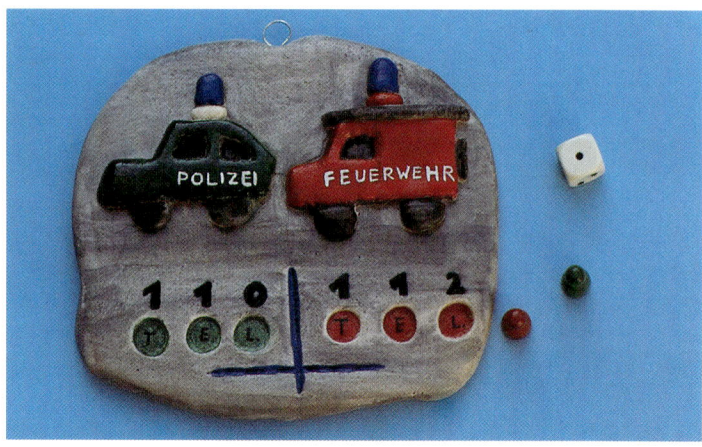

So wird's gemacht

Von Polizei- und Feuerwehrauto wird je eine Schablone angefertigt und die Form auf den ausgerollten Teig übertragen und ausgeschnitten. Dann werden beide Autos auf eine auf dem Blech schon vorbereitete, etwa 1 cm dicke Teigplatte mit Wasser aufgeklebt. Die Anordnung der Autos, der Telefonnummern und der Spielfelder ist aus der Abbildung ersichtlich. Mit einem Spielsteinchen drücken wir die Spielfelder ein, die wieder ein wenig größer sein müssen, weil sich der Teig während des Backvorgangs etwas zusammenzieht. Wenn wir noch eine Aufhängevorrichtung (Loch, Drahtöse) anbringen, kann das Spiel gleichzeitig zur Wanddekoration über dem Telefonplatz werden.

Flug in den Süden

3 bis 6 Jahre

Es ist kalt geworden in Europa. Da steht sogar ein Schneemann.

Deshalb versucht jeder Spieler, seine Vögel so schnell wie möglich in den Süden zu führen. Wer hat es zuerst geschafft?

für 4 Spieler

8 Vögel, je 2 von einer Art
1 Farbwürfel
Spielfeld

Spielregel
Jeder Spieler bekommt zwei gleiche Vögel. Mit dem Farbwürfel müssen die Farben erwürfelt werden, die die Felder vor den Vögeln aufweisen. Der zweite Vogel kann sofort nachfliegen, wenn für ihn die entsprechend passende Farbe gewürfelt wurde. Welche beiden Vögel sind zuerst am Ziel?

So wird's gemacht
Das Spielfeld wird so angeordnet, wie es auf der Abbildung zu sehen ist; die beiden Blätter gehören also zusammen. Von den Vögeln fertigen wir Schablonen an oder benützen Förmchen zum Ausstechen. Jeweils zwei Vögel werden gleich angemalt.

Eine Blume wächst

für 2 Spieler

2 Spielfelder
2 Samenkörner
2 Regentropfen
2 Sonnen
2 Stiele
2 Blätter
2 Blüten
1 Symbolwürfel

3 bis 7 Jahre

Zuerst brauchen wir ein Samenkorn, das wir in die Erde stecken, und dann…?

Spielregel

Jeder Spieler bekommt einen Spielsatz (siehe Abbildung); diesen legt er neben sein Spielfeld.

Mit einem Symbolwürfel sollen nun die Symbole in folgender Reihenfolge erwürfelt werden:

Samenkorn
Regentropfen
Sonne
Stiel
Blatt
Blüte

Die Spielformen werden dann, wie in der Abbildung gezeigt, angeordnet. Gewonnen hat der Spieler, der zuerst alle Teile an den richtigen Platz setzen konnte.

So wird's gemacht

Sonne, Regentropfen, Blatt und Stiel der Blume schneiden wir nach dem Muster aus dem ausgerollten Teig heraus. Auf die Sonne wird mit einem geeigneten Gegenstand ein Kreis als Gesichtsmarkierung eingedrückt. Die Blüten lassen sich am leichtesten herstellen, wenn man einen Kreis aussticht und dann durch Einkerben die einzelnen Blätter noch genauer formt. Das Blüteninnere bildet eine aufgesetzte Teigscheibe.

Blüte

Stengel

Blatt

      Die sechs Seiten des Würfels

Sonne

Regentropfen

Wetterstation Froschhausen

3 bis 9 Jahre

Spannend bis zum Spielende ist die Wettervorhersage dieser beiden Frösche. Ob der Frosch schon ganz oben oder ganz unten sitzt, solange er nicht von der Leiter gehüpft ist, kann sich noch alles ändern.

für 2 Spieler

2 unterschiedliche Frösche
1 Würfel mit Symbolen
Spielfeld

Spielregel

Die Frösche werden auf die Leitersprosse neben dem Startzeichen gesetzt. Jeder Spieler würfelt für seinen Frosch.
Der Würfel hat folgende Symbole:

    bedeutet 1 Sprosse abwärts

    bedeutet 1 Sprosse aufwärts

    bedeutet 2 Sprossen aufwärts

Der Frosch, der oben vom Spielfeld hüpft, kündigt das schöne Wetter an und ist Sieger; der Frosch, der nach unten vom Spielfeld hüpft, ist Verlierer.

Die sechs Seiten des Würfels

So wird's gemacht

Von dem Frosch wird nach der Skizze eine Schablone angefertigt. Sie wird entlang den Rändern mit Nadelpunkten auf den Teig übertragen und ausgeschnitten. Die Linien innerhalb des Frosches werden nachgezogen. Damit sich die beiden Frösche unterscheiden, bekommt einer von ihnen einen schönen, bunten Schal.

52

Wetter-
Station
Frosch
-hausen

START

53

Riesen-Hunger

4 bis 8 Jahre

Dieser Riese hat Riesenhunger und möchte zum Frühstück viele Spiegeleier essen.

Er hält zwei große Bratpfannen bereit und wartet darauf, daß jeder Spieler sie gut füllt. Wer kann für ihn die meisten Eier sammeln?

für 2 Spieler

Spielfeld
12 Spiegeleier
1 Würfel
2 Spielsteinchen

Spielregel

In die kleinen Bratpfannen rund um den Kopf legt man je ein Spiegelei.
Jeder Spieler setzt sein Steinchen auf einen der gelben Punkte zwischen den großen Bratpfannen und würfelt. Wer eine „Sechs" würfelt, darf sein Steinchen auf die erste Pfanne über dem gelben Punkt setzen. Gleichzeitig nimmt er das Ei heraus und legt es in eine der großen Bratpfannen. Die Pfannen über den gelben Punkten zeigen durch Pfeile die Richtung an, in der jeweils weitergespielt werden soll.

Es wird abwechselnd gewürfelt, und jeder Spieler nimmt dort das Ei heraus, wo sein Steinchen zu stehen kommt. Wurde das Ei schon herausgenommen, geht er bei diesem Zug leer aus. Vielleicht hat er beim nächsten Mal wieder Glück?
Die Spielsteine werden so lange im Kreis herumgeführt, bis das letzte Spiegelei für den Riesen eingesammelt worden ist. Wer die meisten Eier in seiner Pfanne liegen hat, ist Sieger.

So wird's gemacht

Wir rollen den Teig großflächig auf dem Blech etwas dicker als 1 cm aus. Mit einem runden Gegenstand, zum Beispiel einem Korken, drücken wir 12 Kreise für die Bratpfannen um das Gesicht des Riesen (siehe Abbildung). Diese Kreise erhalten Stiele aus Zündhölzchen, deren Zündfläche zuvor abgeschnitten wurde.
Die Stiele werden von innen her schräg in den Teig geschoben – und schon sind die Bratpfannen fertig. Die Fläche für das Gesicht ist nun vorgegeben, und der Kopf des Riesen kann ausgeschnitten werden. (Fortsetzung übernächste Seite.)

54

Unser Riese hat buschige Augenbrauen, spiegeleiförmige Augen (es wurden schon fertig gebackene Spiegeleier verwendet), eine kräftige Nase und einen vor Erwartung lachenden Mund. Die Mundöffnung wurde mit den Fingern eingedrückt, die Zähne einzeln geformt, dann mit Wasser an der Unterseite befeuchtet und eingesetzt. Die großen Pfannen werden mit einem geeigneten Gefäß eingedrückt. An die Holzstiele der Pfannen setzen wir einen Teiggriff. Damit der Griff besser hält, soll er am Kopf angebracht werden. Wie die Riesenhände aussehen, das kann man der Abbildung entnehmen und leicht nachformen.

Spiegeleier

Ein Stückchen Teig wird mit den Fingern flachgedrückt. Hierauf setzt man eine kleine Kugel und drückt diese so ein, daß sie wie ein Eidotter aussieht. Die Eiränder können wir mit einem Messer etwas ausfransen, damit das Ganze wie ein zerlaufenes Eiweiß aussieht.

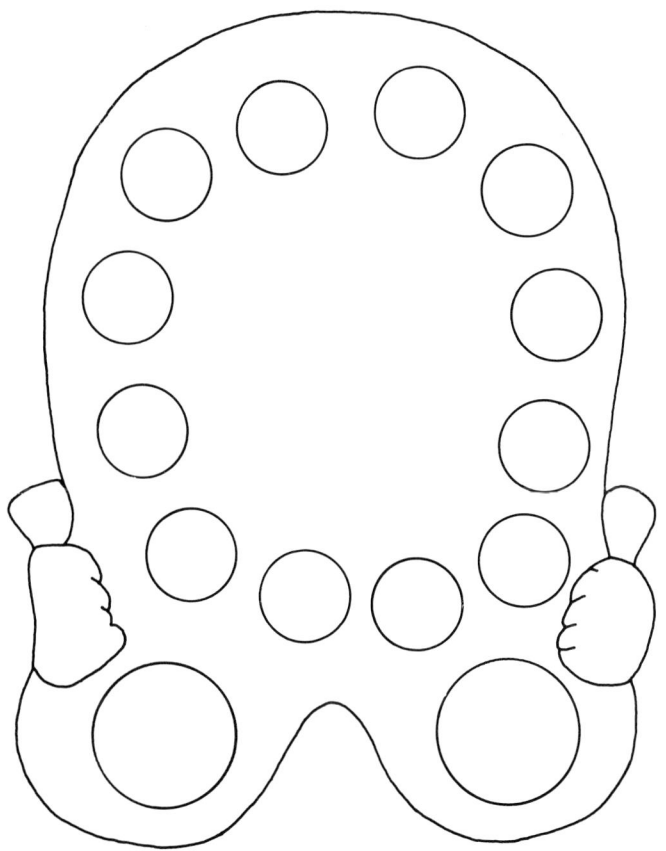

Wochentage

5 bis 8 Jahre

Dieses Spiel ist für die Kleinen recht lustig. Gleichzeitig üben sie auch die Wochentage in ihrer richtigen Reihenfolge.

für 2 Spieler

Spielfeld
7 Brötchen
1 Würfel
2 Spielsteinchen

Spielregel
Jeder Spieler stellt sein Steinchen auf das Feld „Montag". Dann wird gewürfelt.
Wer auf das blaue Feld „Donnerstag" kommt, muß alle Wochentage in der richtigen Reihenfolge aufzählen. Wer auf das gelbe Feld „Sonntag" kommt, darf sich ein Brötchen nehmen.
Die Steinchen wandern so lange im Kreis herum, bis der Brötchenkorb leer ist.
Gewinner ist der Spieler, der die meisten Brötchen gesammelt hat.
Man kann das Spiel auch abwandeln: Wenn ein Spieler sein Steinchen auf das Feld „Donnerstag" setzt, muß er ein Pfand geben, eine Rechenaufgabe lösen usw.

So wird's gemacht
Der Teig wird auf dem Blech etwa 1 cm dick ausgerollt. Mit einer Schüssel stechen wir einen Kreis von ungefähr 20 cm Durchmesser aus.

Die Flächen für die Wochentage werden gleichmäßig verteilt und durch eine Einkerbung markiert. Vor jeden Wochentag drücken wir mit einem Spielsteinchen zwei Kreise ein. Die Kreise müssen auch hier durch Verschieben des Steinchens größer gemacht werden. In die Mitte des Spieles kommt ein Brötchenkorb, den man nach eigener Fantasie modelliert und mit Wasser anklebt. Die Brötchen sind ganz einfach herzustellen: Eine Teigkugel wird mit dem Messer eingekerbt.

Häschen in der Grube

für 4 Spieler

4 bis 8 Jahre

Bei diesem Glücksspiel versucht der Spieler, alle seine Häschen in das Hasennest zu bringen. Vorsicht! – sobald ein Häschen in den Bereich des Fuchsbaues kommt, schnappt dieser zu, und das Häschen bleibt im Fuchsbau.

3 weiße Häschen
3 rosa Häschen
3 blaue Häschen
3 braune Häschen
1 Fuchs   1 Würfel

Spielregel

Jeder Spieler hat drei Häschen von der gleichen Farbe. Diese muß er einzeln ins Ziel bringen.
Ein Häschen kann erst losrennen, wenn eine „Sechs" gewürfelt ist. Man darf 3mal würfeln. Nach einer „Sechs" darf noch einmal gewürfelt werden.
Ist ein Feld besetzt, so darf das nachrückende Häschen das dort sitzende an den Start zurückschicken.

Trifft das Häschen auf den Fuchs, das heißt, rückt es vor bis auf das Feld, auf dem der Fuchs abgebildet ist, muß es in den Fuchsbau. Hat das Häschen aber Glück und überspringt den Fuchs, kann es unbehelligt in sein Nest hoppeln.
Wer die meisten Häschen im Nest hat, ist Sieger. Bei gleicher Anzahl ist derjenige Sieger, der seine Häschen zuerst im Nest hat.

So wird's gemacht

Das Häschen kann mit Hilfe einer Pappschablone hergestellt werden. Diese legt man auf den Teig und schneidet die Form aus. Am leichtesten geht es, wenn man zum Ausstechen ein Hasenförmchen verwendet.
Wer will, kann auch einen Fuchs modellieren. Das Spielfeld wird entsprechend der Abbildung auf einen festen Karton aufgemalt. Für die einzelnen Felder kann man die Häschenschablone benützen.

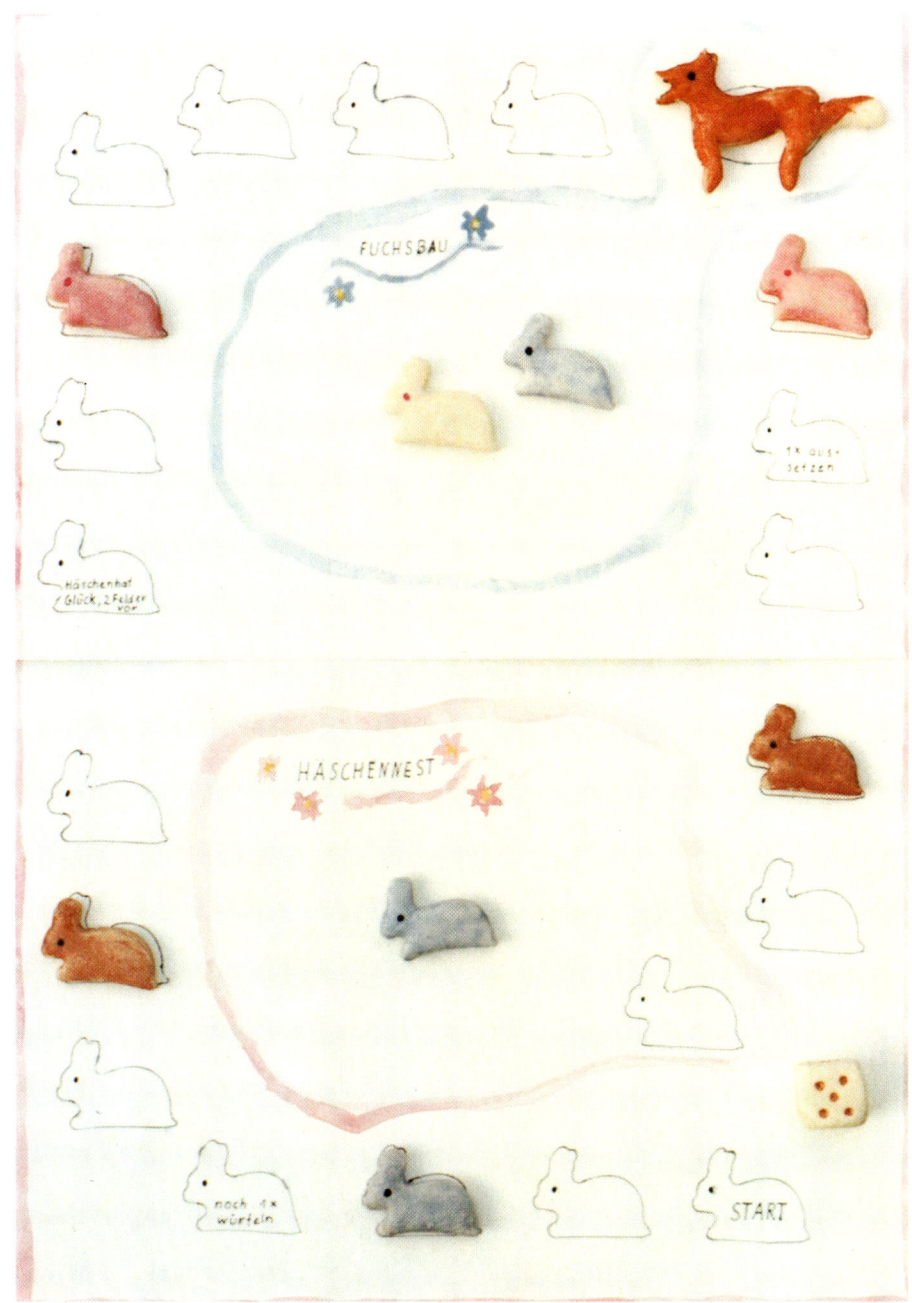

FUCHSBAU

1x aus setzen

Häschen hat / Glück, 2 Felder vor

HÄSCHENNEST

noch 1x würfeln

START

59

Fünf-Sinne-Spiel

4 bis 8 Jahre

Dieser freche Kahlkopf will alle fünf Sinne bewußt machen.

Die Kinder nennen bei diesem Spiel Dinge, die sie sehen, hören, riechen, fühlen oder schmecken können.

für 2 oder 4 Spieler

1 Kopf (Spielfeld)
8 Steinchen
1 Würfel

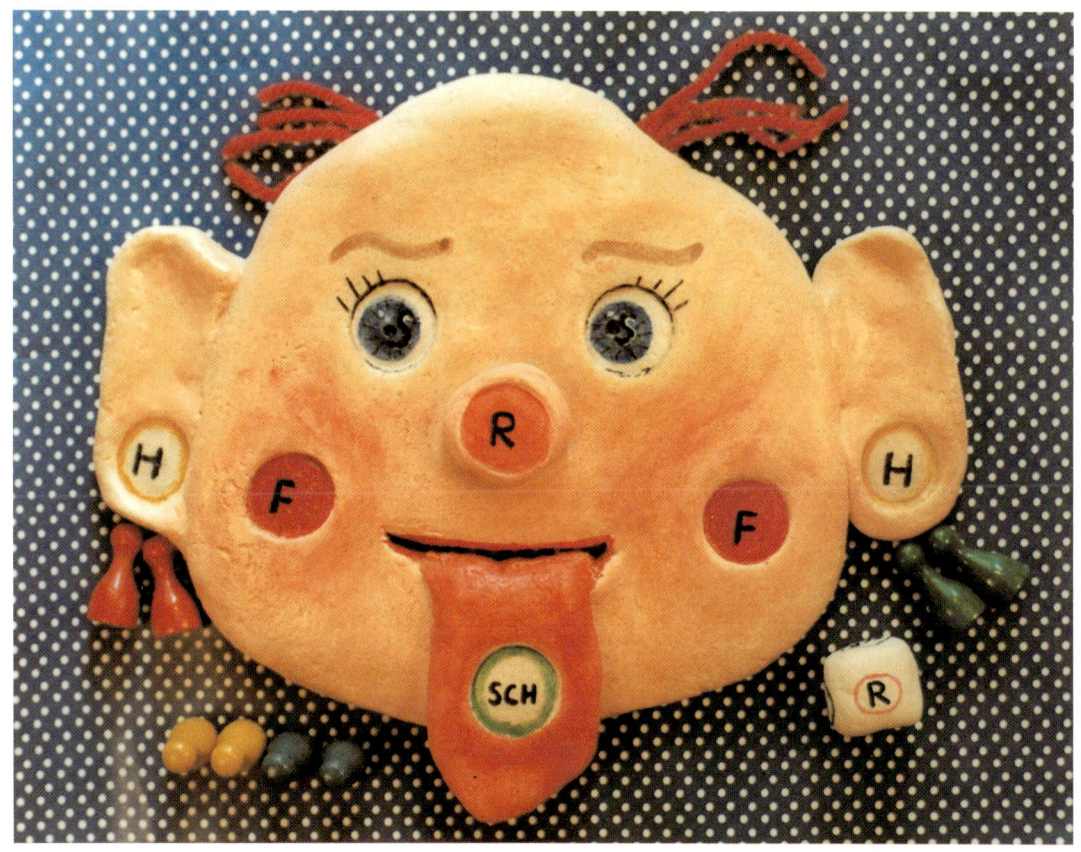

Spielregel

Jeder Spieler bekommt, je nach Teilnehmerzahl, 4 oder 2 Spielfiguren.

Es wird mit einem Symbol-würfel gewürfelt, der folgende Zeichen zeigt:

S = Sehen
H = Hören
R = Riechen
F = Fühlen
Sch = Schmecken

Eines dieser Symbole muß zweimal auf den Würfel gemalt werden, denn der Würfel hat sechs Seiten.

Je nachdem, welches Symbol gewürfelt wurde, wird eine Figur auf die entsprechende Stelle des Kopfes gesetzt.

Der Spieler muß drei Dinge nennen, die er mit diesem Sinn wahrnehmen kann. Zum Beispiel: Wird ein Stein auf S (Sehen) gesetzt, so muß der Spieler drei Dinge nennen, die er sehen kann.

Bei diesem Spiel kann man aber auch „rausgeworfen" werden. Dann nämlich, wenn ein Spieler ein Symbol würfelt, das schon besetzt ist. Er darf dann die dort stehende Figur an den Gegenspieler zurück-geben und seinen Stein auf diesen Platz stellen.

S

S

H

R

F

Sch

Die sechs Seiten des Würfels

So wird's gemacht

Nach der Vorlage wird ein Kopf mit einem Durchmesser von etwa 15 cm geformt. An die Teigplatte, die das Gesicht bildet, werden zwei große Ohren gesetzt. Damit diese fest am Kopf sitzen, werden Hölzchen in die Ohren und dann in die Kopfplatte geschoben.

Mit einem Korken oder einem anderen Gegenstand drücken wir in die Ohrläpp-chen einen Kreis für H = Hören.

Außerdem werden die Augen = S und die Felder für Fühlen = F eingedrückt. Die Nase besteht aus einer runden, dik-ken Teigplatte, die Nasenlö-cher bekommt und ein R = Riechen. Der Mund wird ein-geschnitten und eine Zunge hineingeklebt. Auf die Zunge stempeln wir einen Kreis für Sch = Schmecken. Damit der Kopf nicht ganz so kahl ist, bekommt er Haare. Hierzu werden Wollfäden mit einem Schaschlikspieß eingedrückt.

Wie heißt der Baum?

4 bis 9 Jahre

Spielerisch wird hier das Zusammenzählen der Zahlen von 1 bis 12 geübt. Unsere kleinen Rechenkünstler wer-den die Zahlen bald auswen-dig zusammenzählen können – und wer nicht rechnen will, zählt einfach die Punkte zusammen.

für 3 Spieler

1 Baum, 4 Äpfel
4 Birnen, 4 Pfirsiche
2 Würfel

Spielregel

Hier ist ein Baum, der sich noch nicht entschieden hat, ob er sich Apfelbaum, Birn-baum oder Pfirsichbaum nen-nen soll. Erst die Spieler wer-den dies bestimmen. Jeder bekommt 4 Früchte von einer Sorte. Wer sein Obst zuerst auf dem Baum ablegen konnte, darf ihn nach seinen Früchten benennen und ist Sieger. Man muß aber zählen können, denn nur wer min-destens 10 Punkte mit beiden Würfeln erreicht, darf eine Frucht auf den Baum legen. Kinder, die noch nicht zählen können, spielen mit einem normalen Spielwürfel und dürfen bei „Sechs" eine Frucht ablegen.

So wird's gemacht

Wir stellen von Baum und Früchten Pappschablonen her, legen sie auf den aus-gerollten Teig und schneiden die Teile aus, und zwar einen Baum und je vier Äpfel, Bir-nen und Pfirsiche. Blüten-ansatz und Stengel werden nach dem Ausschneiden an der jeweiligen Frucht ange-bracht.
Den Baum schneiden wir auf dem Blech zu, damit er sich nicht verzieht. Mit einem Eßlöffel wird ein Muster in das Blattwerk des Baumes gedrückt. Das Aussehen des Stammes kann ebenfalls durch Modellieren verschö-nert werden.

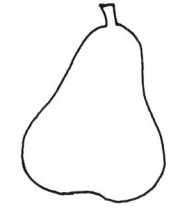

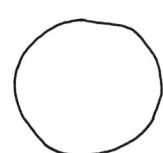

Radiosender ‚Quassel'

7 bis 10 Jahre

Alle Mitspieler wirken an einem eigenen Radioprogramm mit.

Ob Wetterbericht, Musik, Nachrichten, Werbung, Sport – dem Sprecher muß immer etwas einfallen.

für 2 bis 6 Spieler

Spielfeld
Programmscheiben
1 Würfel

Spielregel

Eine Scheibe mit den Programmen wird auf den vorgesehenen Stift des Radios aufgesetzt.
Es wird reihum gewürfelt. Der Spieler, der eine „Sechs" würfelt, schließt die Augen und dreht an der Programmscheibe. Dann schaut er nach, welches Programm er gewählt hat und sendet es sofort und so lange, bis ein anderer eine „Sechs" würfelt. Während sich die Programmscheibe dreht, darf nicht gewürfelt werden.
Hat es jemandem die Sprache verschlagen, oder ist die nächste „Sechs" so schnell gefallen, daß der Vorspieler nicht zu Wort kommen konnte, so muß dieser ein Pfand abgeben.

So wird's gemacht

Der Teig wird etwa 1,5 cm dick auf dem Blech ausgerollt. Dann schneiden wir die Form des Radios, der Abbildung entsprechend, aus dem Teig heraus. Ein kurzer Nagel mit Kopf, der nicht allzu weit aus dem Teig herausragen sollte, wird an der angegebenen Stelle eingesteckt. Er ist nach dem Backen fest verankert. Die Programmscheibe wird aus stabiler Pappe gefertigt. Es können auch mehrere Scheiben mit einer Vielzahl von Programmen benutzt werden. Einige Anregungen: Wetterbericht, Nachrichten, Musik, Sport, Werbung, Schulfunk, Schlager, Hörspiel, Chinesisch, Englisch, Französisch, Russisch.

Drehscheiben

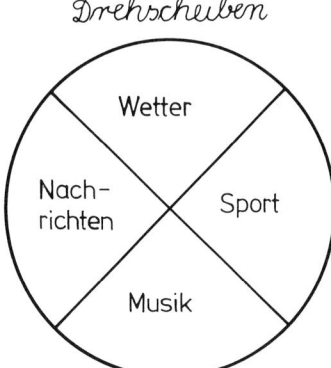

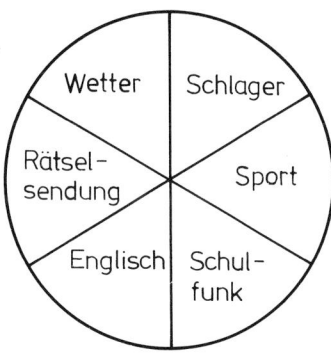

AN/AUS
UKW
KW
MW
erivan
Wetter
Nach-
richten
Sport
Musik
RSI

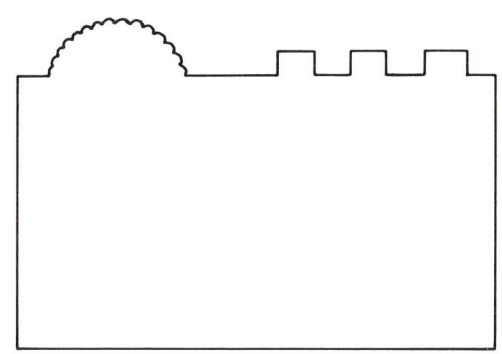

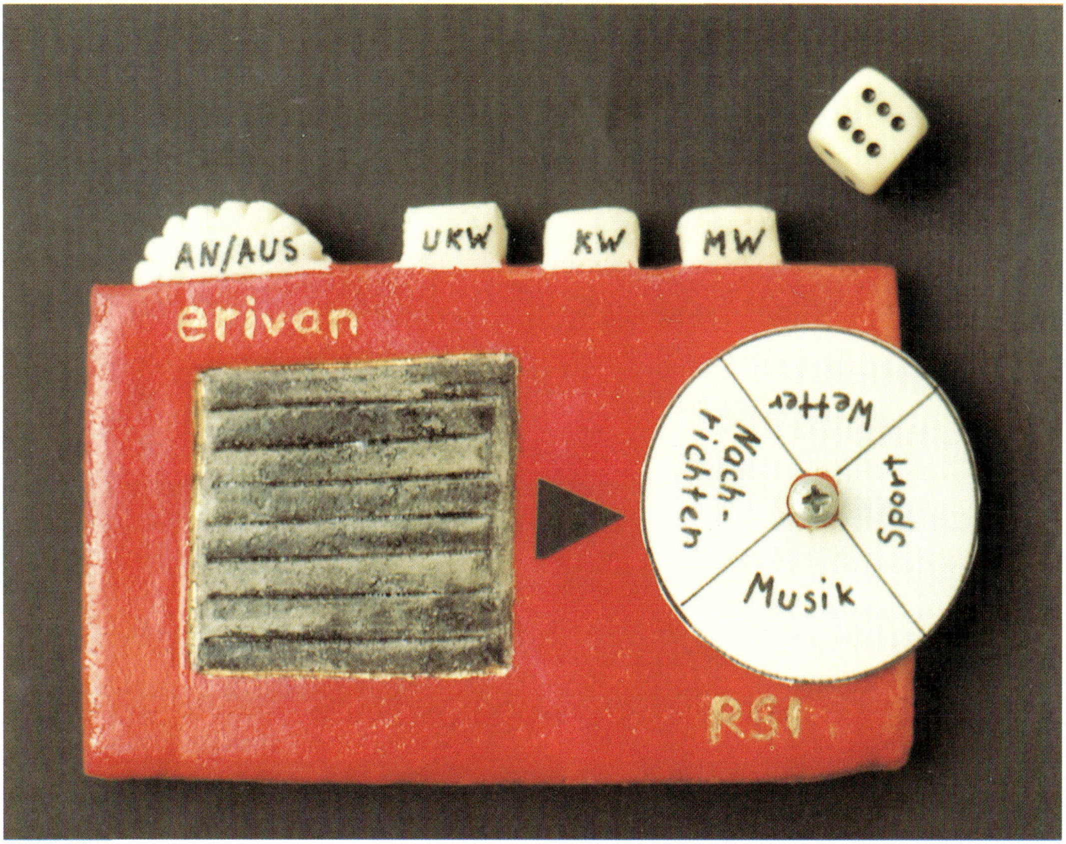

Mondlandung

7 bis 12 Jahre

Zwei Raumschiffmannschaften sind bei einer Exkursion auf dem Mond bis zu einem unüberwindlichen Gebirge vorgedrungen.

Jetzt heißt es rasch wieder zurückgehen. Die Mannschaft, die als erste das Raumschiff erreicht und Funkkontakt mit der Erde aufnehmen kann, ist Sieger.

für 2 Spieler

1 Spielfeld
8 Spielsteinchen
2 Würfel

Spielregel

Jeder Spieler erhält eine Raumschiffmannschaft von 4 Personen (also 4 Steinchen) und eine der beiden Spielbahnen (die innere oder äußere). Auf dieser soll er seine Mannschaft möglichst schnell ins Raumschiff zurückgeleiten. Vor dem Mondgebirge – in den angekreuzten Feldern – beginnt das Spiel. Beide Spieler stellen dort ein Mitglied ihrer Mannschaft zum Start auf.
Erst wenn ein Mitglied der Mannschaft das Raumschiff erreicht hat, darf der nächste der Gruppe starten.

Die restlichen Punkte, die dieser beim Einsteigen übrig hat, dürfen an das nächste, eigene Mannschaftsmitglied abgegeben werden.

Weil das Vorwärtskommen auf dem Mond nicht so einfach ist, ist es auch bei unserem Spiel etwas komplizierter. Man würfelt gleichzeitig mit zwei Würfeln und muß die erwürfelten Zahlen dann miteinander multiplizieren. Je nach Höhe der so gewonnenen Zahl darf man wie folgt sein Steinchen vorsetzen:
bis zu 10 Punkten = 1 Schritt
bis zu 20 Punkten = 2 Schritte
bis zu 30 Punkten = 3 Schritte
bis zu 40 Punkten = 4 Schritte
Hat ein Spieler sich verrechnet, muß er einen Schritt zurückgehen. Kommt das Steinchen in einem Mondkrater zu stehen, muß der Spieler einmal aussetzen. In die Rakete darf man erst nach Überschreiten des letzten Kraters einsteigen.

So wird's gemacht

Der Teig wird auf dem Blech etwa 1 cm dick ausgerollt. Mit einer Schüssel (Durchmesser 18 bis 20 cm) stechen wir nun einen Kreis aus. Die Spielfelder und die Mondkrater ordnen wir ähnlich wie auf der Abbildung an. Die Felder werden mit einem Spielsteinchen eingedrückt. Die Eindruckstelle wird durch Kreisen mit dem Steinchen etwas erweitert. Die Mondkrater sollen so groß sein, daß zwei Steinchen darin Platz finden. Um den Krater wird jeweils ein Rand – eine befeuchtete Teigrolle – gelegt. Das Mondgebirge vor den angekreuzten Feldern wird nach Fantasie modelliert.

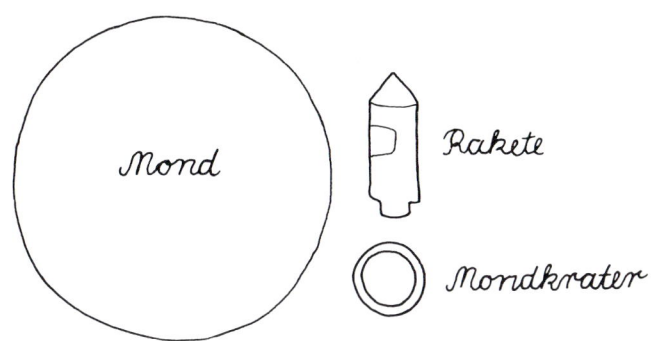

Mond

Rakete

Mondkrater

„Petri Heil!"

3 bis 8 Jahre

Wer hat seinen Teich zuerst leergefischt? Die Angler brauchen etwas Geschick und eine ruhige Hand.

für 2 Spieler

6 Goldfische
6 Blaufische

Spielregel

Jedes Kind bekommt 6 Fische derselben Art und eine Angel. Auf das Startwort „Petri Heil!" angelt jedes Kind, so schnell es kann, seine Fische aus dem Wasser.
Sieger ist, wer zuerst alle seine Fische geangelt hat.

Andere Spielmöglichkeit: Abwechselnd müssen die Sätze „Fischers Fritz fischt frische Fische. Frische Fische fischt Fischers Fritz" ohne Fehler gesprochen werden. Wer dies schafft, darf angeln. Wer sich versprochen hat, gibt die Angel gleich wieder ab. Sieger ist derjenige, der die meisten Fische angeln konnte.

So wird's gemacht

Wir nehmen ein Fischförmchen und stechen aus einem Teig, der dicker als das Förmchen ist, den Fisch heraus. Der Teig soll also oben aus dem Förmchen bauchig herausquellen. Die Grundform ist nun vorhanden. Daraus läßt sich leicht ein Fisch formen. Auf der Oberseite wird eine Öse angebracht. Für die Öse nehmen wir einen dünnen Draht, verdrillen ihn und stecken ihn tief in den Fischrücken. Der Draht ist nach dem Backen fest verankert. Die Fische können, falls kein Förmchen zur Verfügung steht, auch von Hand modelliert werden.
Als Fischteich kann man ein Blatt Papier blau anmalen oder einfach ein blaues Tuch nehmen.

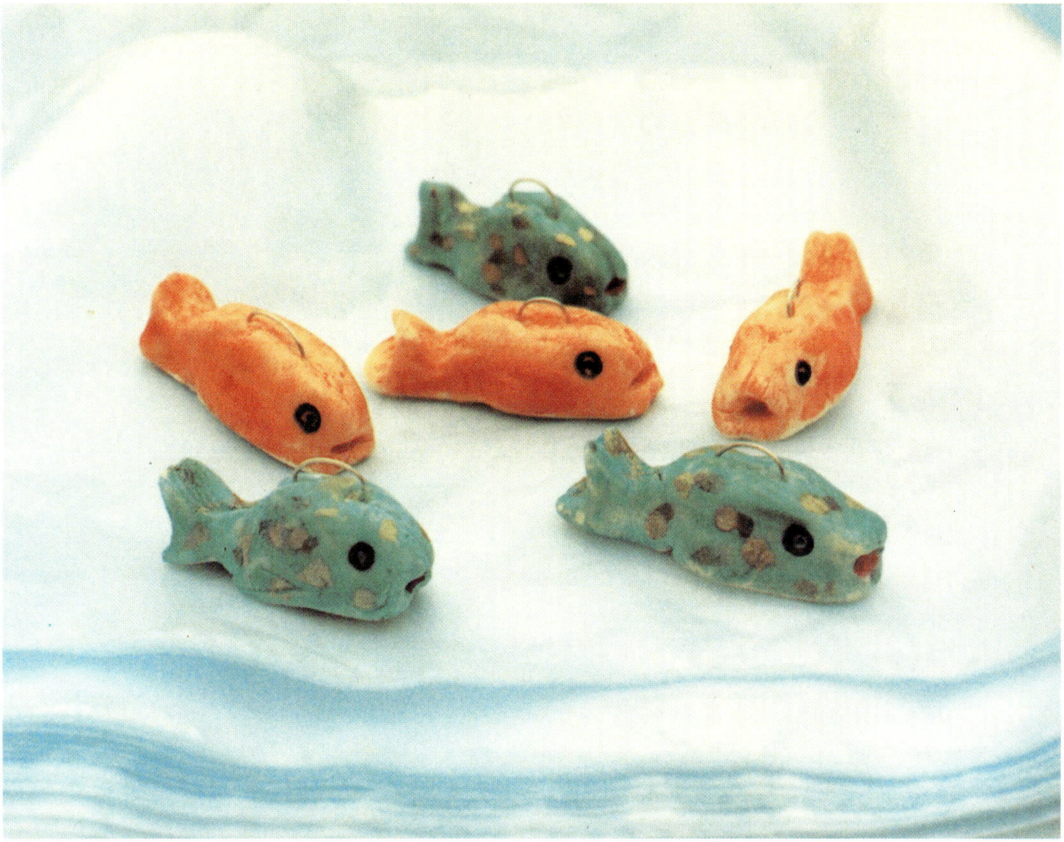

Spinnennetz

5 bis 9 Jahre

Wenn der Käfer das Spinnennetz berührt, ist er verloren.

Ganz vorsichtig muß der Spieler seinen Käfer aus dem Gewirr der Fäden herausführen.

2 oder mehr Spieler

3 oder mehr Käfer
Spielfeld

Spielregel
Der Spieler setzt einen Käfer in die Mitte des Spinnennetzes und versucht, ihn am Ende des Fadens zwischen den spiralig verlaufenden Spinnenfäden herauszuziehen. Dabei dürfen die seitlichen Spinnfäden der Spiralbahn nicht überschritten werden. Denn die Spinne merkt dies sofort, und der Käfer ist gefangen.
Die Käfer erhalten durch die unterschiedliche Schnurlänge verschiedene Schwierigkeitsgrade. Angefangen wird mit dem Käfer an der kürzesten Schnur. Jedem Spieler wird die erreichte Punktzahl gutgeschrieben. Anschließend nimmt er den Käfer mit der nächstlängeren Schnur.

So wird's gemacht
Für dieses Geschicklichkeitsspiel werden 2,5 cm lange und 1,5 cm breite Käfer gebacken. Wir können die Käfergröße aber auch anhand der Bahnen im Spinnennetz ermitteln (der Käfer muß mit etwas Spielraum dort hineinpassen). Haben wir die Körpergrundform, werden der Kopf durch einen Querstrich und die Flügel durch einen Längsschnitt markiert. Danach wird eine Drahtöse am Kopf befestigt, an der dann der Faden zum Ziehen angebracht werden kann.
Einer fantasievollen Bemalung nach dem Backen steht nun nichts mehr im Wege.

Zuletzt befestigt man unterschiedlich lange Fäden an den Ösen. An das Fadenende binden wir zum Anfassen eine Perle oder ein Streichholz. Als Spielfeld dient ein fester Karton, auf den ein Spinnennetz gemalt wird (wie in der Abbildung gezeigt).

110
120
30
40
100
20
50
10
60
90
140
70
80

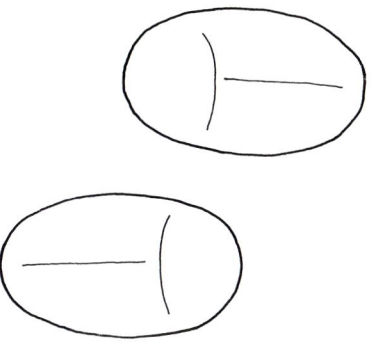

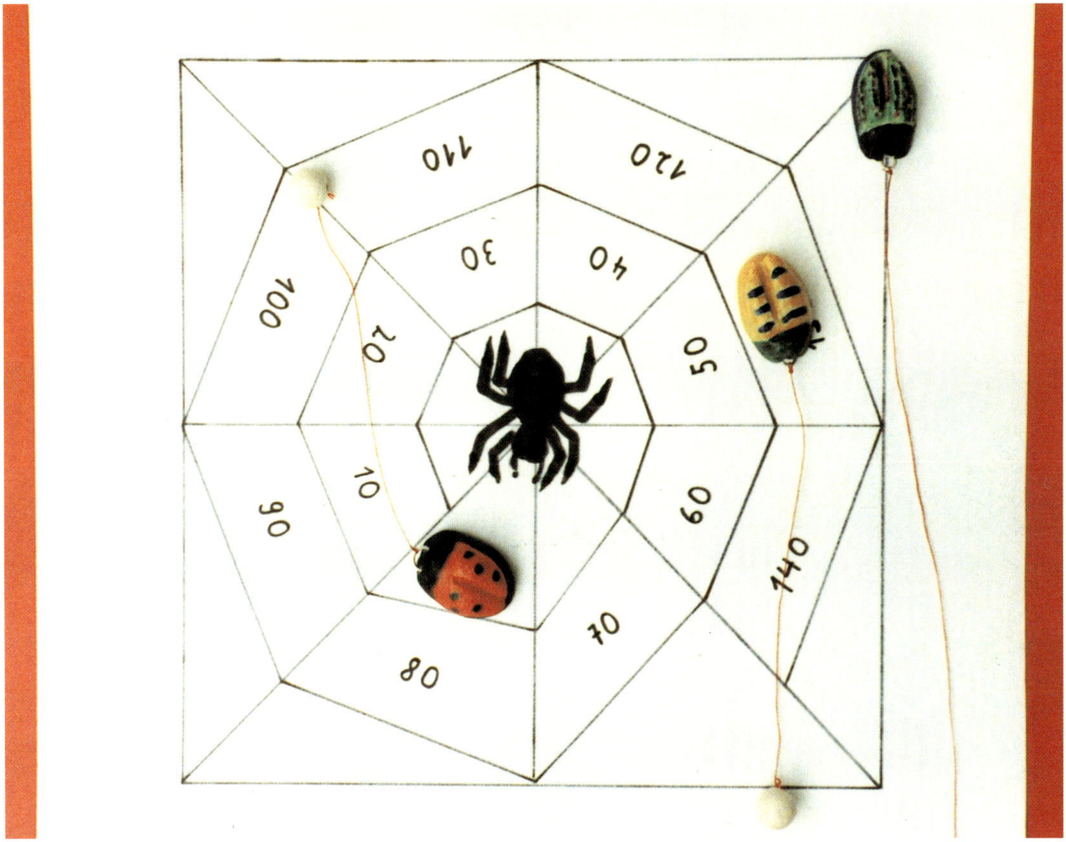

Schnipp-Spiele

6 bis 10 Jahre   *für je 2 Spieler*

Vier Geschicklichkeitsspiele.

Spielregeln

Ballontreffen

In jeden Luftballon wird ein Steinchen gelegt. Abwechselnd dürfen die Spieler aus dem Standfeld heraus versuchen, möglichst viele Ballons zu treffen. Die Steinchen müssen aus dem Ballon herausgeschossen werden, erst dann ist es ein richtiger Treffer.

Inselglück

Jeder Spieler erhält vier Steinchen einer Farbe. Diese Steinchen soll er zielsicher auf die Insel bringen, das heißt er schnippt mit dem Finger sein Steinchen in Richtung Insel. Nach jedem Wurf wechseln sich die Spieler ab. Gezählt werden nur die Steinchen, die am Schluß auf der Insel liegen. Vom Gegenspieler weggeschossene Steinchen werden nicht gezählt.

Ziel genau!

Beide Teilnehmer legen ihre 4 Steinchen in das Spielfeld. Jetzt müssen sie von ihrer Linie aus die gegnerischen Steinchen aus dem Feld herausschießen. Wer zuerst alle gegnerischen Steinchen aus dem Feld geschossen hat, ist Sieger.

Tor!

Abwechselnd wird versucht, den Ball von der Schußlinie her in das gegnerische Tor zu schießen (ebenfalls mit den Fingern schnippen). Alle Treffer werden gezählt.

Arbeitsanleitung

Aus den Abbildungen können wir die Aufteilung der Spielfelder entnehmen. Sie wurden auf Fotokarton im Format DIN A 4 gezeichnet. Wir können aber auch ein einfaches Blatt Papier dazu verwenden. Die Spielkreise haben etwa die Größe eines Pfennigs und können mit einem geeigneten Gegenstand ausgestochen werden. Wir müssen darauf achten, daß sie schön rund bleiben. Natürlich werden sie auch bunt angemalt.

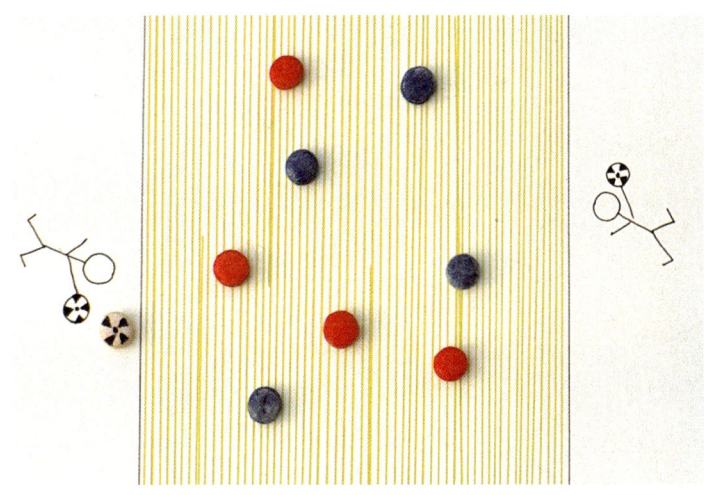

Handabdruck

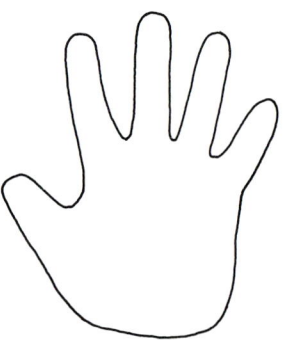

ab 3 Jahren

Je kleiner die Hand ist, desto niedlicher sieht dieser Handabdruck aus. Eine hübsche Erinnerung für die Eltern.

So wird's gemacht

Eine etwa 2 cm dicke Teigscheibe wird auf dem Blech so zurechtgedrückt, daß sie eine ansprechende Form erhält und groß genug für die Hand ist. Das Kind soll nun die Finger etwas spreizen und die Hand mit gleichmäßigem Druck in den Teig hineindrükken. Jetzt ist der Handabdruck auf dem Teig. Nach dem Backen wird entweder der Abdruck oder die Fläche angemalt, damit die Hand gut erkennbar ist. Name und Datum oder die Jahreszahl vervollständigen diesen Handabdruck.

Wie wäre es mit einem Fußabdruck?

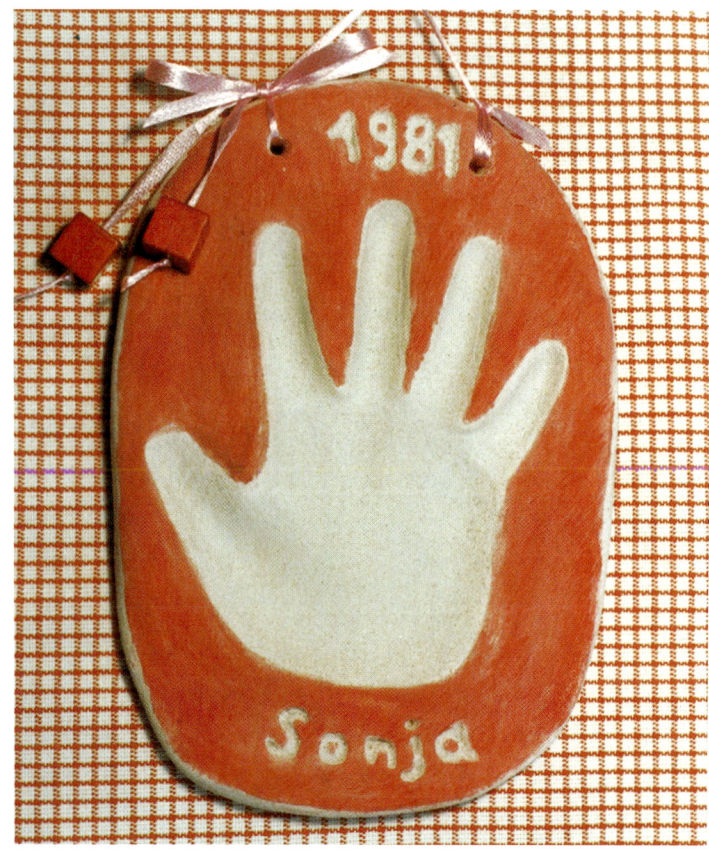

Bilderrahmen

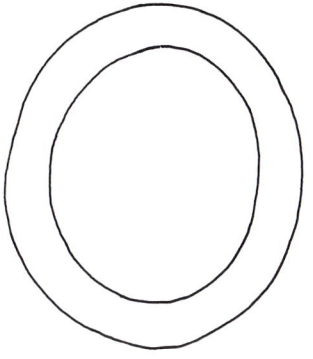

ab 4 Jahren

Kinderzeichnungen und
gelungene Fotos werden nun
sicher ihren passenden Rahmen finden.

Die Rahmen kann man in
Form und Farbe dem Bild
und der Umgebung anpassen.
Eine hübsche Geschenkidee
für viele Anlässe!

So wird's gemacht

Teigrollen und Teigstreifen
werden nach den Maßen des
Bildes geschnitten. Die Naht-
stelle bei einem runden Rahmen sollte geschickt durch ein
Ornament verdeckt werden.
Bei rechteckigen Rahmen mit
vier Leisten muß man darauf
achten, daß die Teile gut verklebt werden. Um den Rah-
men aufhängen zu können,
bäckt man einen Bilderhaken
mit. Abschließend kann man
dann das Bild mit Haushaltskleber oder Leinenklebstreifen
auf der Rückseite des Rah-
mens festkleben.

Regenschirm-Mobile

ab 5 Jahren

Lustig sehen sie aus, die bunten Regenschirmchen. Man kann daraus ein Mobile oder einen Wandschmuck basteln oder alle an einem trockenen Ast aufhängen.

So wird's gemacht

Wenn man die Teile nicht frei formen will, sucht man sich eine geeignete runde Form und sticht damit Kreise aus. Dann werden die Kreise halbiert und mit den Fingern die Bogen geformt. Eine dünn ausgerollte Wurst wird an einem Ende gebogen, am anderen Ende gut befeuchtet und am Schirm festgeklebt. Wolken und Regenschirme erhalten Löcher, in die man zum Aufhängen durchsichtige Nylonfäden einziehen kann. Beim Bemalen der Schirme kann man der Fantasie freien Lauf lassen.

Igel

ab 6 Jahren

Diese stacheligen Gesellen sind sicher die Freude jeden Kindes.

So wird's gemacht

Zuerst schneiden wir nach dem Muster den nackten Igel aus, danach das Stachelkleid, das aufgesetzt wird. Auf die Nasenspitze wird ebenfalls eine Teigscheibe aufgesetzt. Vor dem Zusammenfügen der Teile müssen wir die Flächen anfeuchten. Nach dem Backen wird der Igel angemalt.

Katze

ab 6 Jahren

Kinder lieben Katzen, und sicher wird ihnen dieses Katzenbild großen Spaß machen.

So wird's gemacht

Zuerst formen wir den Hintergrund des Katzenbildes als Teigplatte und legen diese auf das Backblech. Dann fertigen wir eine Schablone vom Umriß der Katze an, übertragen die Form auf den ungefähr 1 cm dick ausgerollten Teig und schneiden sie aus. Durch den dickeren Teig hebt sich die Katze plastisch vom Untergrund ab. Hat man die Katzengrundform ausgeschnitten, streicht man mit dem Finger die Kanten rund. Die Augen, die Nase und das Halsband werden aufgesetzt.

Mit einem Messer oder Hölzchen kerben wir die Ohren in der Mitte ein, markieren das Schnäuzchen und die Linie zwischen den Hinterbeinen. Behutsam wird die Katze nun auf die vorbereitete Teigplatte gesetzt.

Ein Tip: Wird die Katze auf einer Papierunterlage geformt, kann man sie leichter auf die Teigunterlage bringen, indem man das Papier vorsichtig wegzieht.
Ein kleiner Käfer belebt das Bild noch etwas. Er besteht aus einer Teigkugel, auf die wir Flügel setzen. Zum Aufhängen kann man in die Platte zwei Löcher bohren oder eine Drahtöse einbacken. Abschließend wird der Untergrund mit roter Lackfarbe bemalt, während man für die Katze Wasserfarben verwenden kann.

Kuh

ab 6 Jahren

Sie erinnert an Wiesen, Berge, Sommerzeit und Wandern, diese Kuh mit den großen, dunklen Augen.

So wird's gemacht

Der Teig wird etwa 1 cm dick auf dem Blech ausgerollt. Eine zuvor angefertigte Schablone wird auf den Teig gelegt und mit Nadeleinstichen übertragen. Vorsichtig, besonders am Schwanz und den Hinterbeinen, schneiden wir die Form aus. Anschließend runden wir die Schnittkanten und formen mit einem Hölzchen die Linien an Kopf, Ohren und Beinen aus. Zwischen die Hörner setzen wir ein Teigstückchen, das wir einkerben. Auch das Maul wird extra aufgesetzt und mit Nasenlöchern versehen. Die glänzend schwarzen Augen der Kuh bestehen aus Stecknadelköpfen.
Die Form wird nun gebacken und ähnlich, wie in der Abbildung gezeigt, angemalt.

Pinseltopf

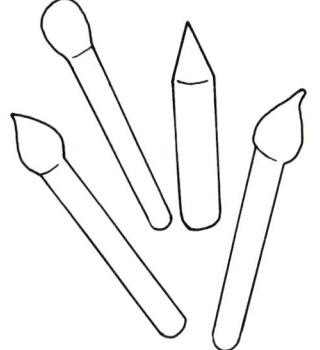

ab 6 Jahren

Im Kinderzimmer, besonders
am Mal- und Schreibplatz,
sieht dieses Töpfchen gut aus.

So wird's gemacht

Zuerst wird eine Schablone
angefertigt. Dann rollt man
den Teig auf dem Blech aus
und überträgt die Form und
schneidet sie sorgfältig aus.
Die Kanten werden nachgear-
beitet, indem man sie rundet.
An die Unterseite des Töpf-
chens setzen wir einen dickeren Teigstreifen an, der als
Bord dient. An diesen befesti-
gen wir zwei Ösen zum Aufhängen. Das Bord kann nach
eigenen Ideen verziert oder
auch mit einem Namen ver-
sehen werden. Nach dem
Backen wird alles bunt angemalt.

Fische

ab 7 Jahren

Dieser Wandschmuck zeigt
ein einfaches Motiv mit struk-
tureller Belebung.

So wird's gemacht

Die nach dem Muster ange-
fertigte Schablone wird auf
den Teig gelegt. Die Fische
werden herausgeschnitten
und auf eine ausgerollte und
von Hand nachgeformte Teigplatte geklebt. Den Fischen
wird je ein Auge aufgeklebt
und der Schwanz eingekerbt.
Als Flossen und Schuppen
verwendet man Kürbiskerne,
die in den Teig gedrückt werden. Nach dem Backen wird
das Bild mit Lackfarbe überpinselt.

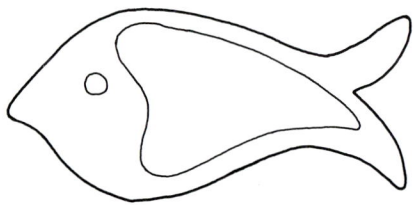

Quellennachweis der Fotos:
Ulrike Siepmann: S. 7–13, 15, 23, 29, 31,
37, 40, 43, 50–55, 65, 67, 72, 73, 76
Hannelore Schäl: alle anderen Fotos

Bücher aus dem Programm zur Kinderbeschäftigung des Otto Maier Verlages Ravensburg